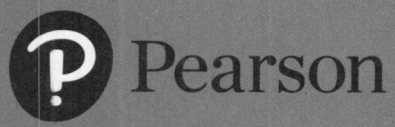

Pearson Edexcel GCSE
French

Vocabulary, Grammar and Translation Workbook

Tom Hockaday and Michael Wardle

Published by Pearson Education Limited, 80 Strand, London, WC2R 0RL.

www.pearsonschoolsandfecolleges.co.uk

© 2025 Pearson Education Limited. All Rights Reserved.

Copies of official specifications for all Pearson qualifications may be found on the website: qualifications.pearson.com

Edited by Newgen KnowledgeWorks

Designed and typeset by Kamae Design and Newgen KnowledgeWorks

Original illustrations © Pearson Education Limited 2025

Illustrated by Beehive Illustrations: Andrew Pagram, Alan Rowe and Matt Ward. Further illustrations created by Johanna Crainmark and Newgen KnowledgeWorks

Cover design by Kamae Design

Cover photo and banner extract © Wundervisuals/Getty Images

Written by Tom Hockaday and Michael Wardle

The rights of Tom Hockaday and Michael Wardle to be identified as authors of this work have been asserted by them in accordance with the Copyright, Designs and Patents Act 1988.

Select content created using AI based on Pearson learning materials. To maintain the integrity of content in this product, Pearson has a process to validate output prior to publication.

This publication is protected by copyright, and permission should be obtained from the publisher prior to any prohibited reproduction, storage in a retrieval system, or transmission in any form or by any means, electronic, mechanical, photocopying, recording, or otherwise. For information regarding permissions, request forms and the appropriate contacts, please visit https://www.pearson.com/us/contact-us/permissions.html Pearson Education Limited Rights and Permissions Department.

Pearson Education Limited is an exclusive trademark owned by Pearson Education Limited and/or Pearson or its affiliates in the United Kingdom and/or other countries.

Unless otherwise indicated herein, any third-party trademarks that may appear in this work are the property of their respective owners and any references to third party trademarks, logos or other trade dress are for demonstrative or descriptive purposes only. Such references are not intended to imply any sponsorship, endorsement, authorisation, or promotion of Pearson Education Limited products by the owners of such marks, or any relationship between the owner and Pearson Education Limited or its affiliates, authors, licensees or distributors.

First published 2025

29 28 27 26 25

10 9 8 7 6 5 4 3 2

British Library Cataloguing in Publication Data

A catalogue record for this book is available from the British Library

ISBN 978 1 292 489575

Copyright notice

All rights reserved. No part of this publication may be reproduced in any form or by any means (including photocopying or storing it in any medium by electronic means and whether or not transiently or incidentally to some other use of this publication) without the written permission of the copyright owner, except in accordance with the provisions of the Copyright, Designs and Patents Act 1988 or under the terms of a licence issued by the Copyright Licensing Agency, 5th Floor, Shackleton House, 4 Battle Bridge Lane, London, SE1 2HX (www.cla.co.uk). Applications for the copyright owner's written permission should be addressed to the publisher.

Printed in the UK by Bell & Bain Ltd, Glasgow

Notes from the publisher

Pearson has robust editorial processes, including answer and fact checks, to ensure the accuracy of the content in this publication, and every effort is made to ensure this publication is free of errors. We are, however, only human, and occasionally errors do occur. Pearson is not liable for any misunderstandings that arise as a result of errors in this publication, but it is our priority to ensure that the content is accurate. If you spot an error, please do contact us at resourcescorrections@pearson.com so we can make sure it is corrected.

Table des matières

Basic language	4

Module 1 Tu as du temps à perdre?

Zone de culture	Fêtes et jeux	6
Unité 1	Ma vie en ligne	8
Unité 2	Tu as une vie active?	10
Unité 3	Qu'est-ce que tu regardes?	12
Unité 4	Qu'est-ce qu'on va faire?	14
Unité 5	Qu'est-ce que tu as fait?	16
Unité 6	J'ai participé aux Jeux de la Francophonie!	18
Glossary		20

Module 2 Mon clan, ma tribu

Zone de culture	Libre d'être moi	24
Unité 1	Un week-end en famille	26
Unité 2	L'amitié est la clé du bonheur	28
Unité 3	Couleur famille	30
Unité 4	La place des idoles	32
Unité 5	Famille, amour, gâteau	34
Glossary		36

Translation revision	40

Module 3 Ma vie scolaire

Zone de culture	Au collège chez nous	44
Unité 1	Quelle est ta matière préférée?	46
Unité 2	C'est injuste!	48
Unité 3	As-tu fait des progrès?	50
Unité 4	Souvenirs d'école	52
Unité 5	Les langues et l'avenir	54
Glossary		56

Module 4 En pleine forme

Zone de culture	Sain ou malsain?	60
Unité 1	Bon appétit!	62
Unité 2	Bien dans ma peau	64
Unité 3	Ça ne va pas?	66
Unité 4	Je change ma vie	68
Unité 5	Mieux vivre	70
Glossary		72

Module 5 Numéro vacances

Zone de culture	Voudrais-tu voyager?	76
Unité 1	Des vacances de rêve	78
Unité 2	On part pour la Corse	80
Unité 3	Le monde en fête	82
Unité 4	Guide de voyage	84
Unité 5	Vive les vacances!	86
Glossary		88

Translation revision	92

Module 6 Notre planète

Zone de culture	Madagascar: miroir du monde?	96
Unité 1	Notre monde est beau	98
Unité 2	Planète en danger	100
Unité 3	Des grands gestes	102
Unité 4	Des petits gestes	104
Unité 5	Innovation verte	106
Glossary		108

Module 7 Mon petit monde à moi

Zone de culture	À louer, à vendre	112
Unité 1	Là où j'habite	114
Unité 2	Sur la bonne route	116
Unité 3	Tendances et shopping	118
Unité 4	La maison de mes rêves	120
Unité 5	As-tu déjà visité Paris?	122
Glossary		124

Module 8 Mes projets d'avenir

Zone de culture	Mon été de rêve	128
Unité 1	Mes passions et mon avenir	130
Unité 2	Express Mondial	132
Unité 3	Quelles sont tes compétences?	134
Unité 4	Bien payé, mais fatigant!	136
Glossary		138

Translation revision	142
Vocabulary learning strategies	146
Translation strategies: French to English	148
Translation strategies: English to French	150
Notes	152

Basic language

1 Write out the days of the week in French.

Monday — lundi
Tuesday — ....
Wednesday — ....
Thursday — ....
Friday — ....
Saturday — ....
Sunday — ....

 Days and months don't need capital letters in French (unless they are at the start of the sentence).

2 Copy out the months of the year placing them below the correct season.

mars, octobre, avril, juin, décembre, juillet, mai, août, février, septembre, janvier, novembre

L'été	Le printemps	L'hiver	L'automne
....	....	....	....
....	....	....	....
....	....	....	....

3 Label the four points of the compass in French.

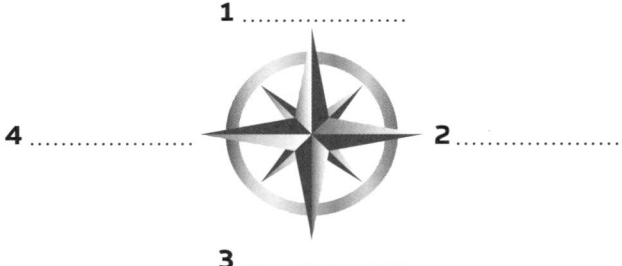

1 ....
2 ....
3 ....
4 ....

4 Fill in the missing vowels in these colours.

1 black — n_oi_r
2 white — bl___nc
3 red — r___g___
4 green — v___rt
5 blue — bl___
6 grey — gr___s
7 orange — ___r___ng___
8 pink — r___s___
9 yellow — j___n___
10 brown — m___rr___n

5 Write the French for each of the following.

1 hi / bye — salut
2 good day ....
3 good evening ....
4 good bye ....
5 how are you? ....
6 yes ....
7 no ....
8 yeah ....
9 Mrs ....
10 Mr ....
11 thanks ....
12 ok ....
13 please (formal) ....
14 please (informal) ....
15 I am good/well ....
16 a, an (masculine) ....
17 a, an (feminine) ....

To say 'yes' in response to a negative question, use *si*.

Basic language

6 Translate these words into French using words from the box.

1. Africa ....
2. America ....
3. Asia ....
4. Europe ....
5. Algeria ....
6. England ....
7. Canada ....
8. France ....
9. Overseas France ....
10. Madagascar ....
11. Martinique ....
12. United Kingdom ....
13. French-speaking ....
14. French-speaking world ....

le Royaume-Uni
l'Asie
francophone
l'Europe
l'Afrique
l'Angleterre
la Francophonie
la France d'outre-mer
l'Algérie
la Martinique
le Canada
la France
l'Amérique
Madagascar

7 Separate out this word snake of notable dates, events and places.

lafêtedelamusiqueletourdefrancelenouvelanle14juilletlasaintsylvestrelatoureiffel

la Fête de la musique ....

....

8 Fill in the missing numbers.

1		11	onze	21	vingt-et-un	zero ....
2	deux	12		22		thousand ....
						million ....
3		13		30		about ten
4		14		40	quarante	_une dizaine_ ....
5		15	quinze	50		about a hundred
6		16		60		....
7		17		70	soixante-dix	first ....
8	huit	18		80		second _deuxième_
9		19	dix-neuf	90		third ....
10	dix	20		100	cent	fourth _quatrième_

Zone de culture Fêtes et jeux
Using *aimer* + noun and *aimer* + infinitive

1 Write the correct French word from the box next to each English word.

> la cuisine
> le théâtre
> l'athlétisme
> la danse
> le concours
> la musique
> le tennis de table
> la chanson

1 dance ....
2 music ....
3 cooking ....
4 song ....
5 drama ....
6 table tennis ....
H 7 athletics ....
H 8 competition ....

2 Unjumble the words in the box and then use them to complete the sentences.

> maisevua
> ccaord
> susi
> ~~aantmus~~
> rèst
> incpripe

1 À mon avis, c'est .amusant. .
2 Le rythme n'est pas .... intéressant.
3 Oui, je suis totalement d'.. .
4 À mon avis, c'est une .... idée.
H 5 Cependant, je ne .... pas prêt.
H 6 En.., c'est une bonne idée.

> To express **likes** or **dislikes**, use *aimer* (to like), *adorer* (to love), or *détester* (to hate), followed by:
> • a definite article + noun
>   *J'aime le basket.* I like basketball.
>   *Je déteste la danse.* I hate dancing.
> • a verb in the infinitive
>   *J'adore faire de la natation.* I love swimming.
>   *Je n'aime pas jouer au basket.* I don't like playing basketball.
>
> **G**

3 Rewrite each sentence, putting the words into the correct order.

1 le / J'aime / basket
  .J'aime..
2 frites / déteste / Je / les
  ....
3 au / n'aime / Je / pas / jouer / foot
  ....
4 la / Tu / lecture / adores
  ....
5 faire / déteste / de la / Elle / natation
  ....
6 avec / moi / adore / faire / de la / Il / cuisine
  ....

4 Draw lines to match up the sentence halves.

1 Je joue au
2 Il aime le
3 Je fais de la cuisine avec
4 Elle est assez
5 Quelquefois, elle
H 6 Tu fais de l'athlétisme

a mon père.
b sportive.
c tennis de table.
d tous les jours.
e théâtre.
f joue au foot.

jouer (to play)	aimer (to like)
je joue	j'aime
tu joues	tu aimes
il/elle/on joue	il/elle/on aime
faire (to do/make)	**être** (to be)
je fais	je suis
tu fais	tu es
il/elle/on fait	il/elle/on est

H 5 Underline the correct French words to complete the sentences.

1 À **mon/ma/mes** avis, c'est **un/une** bonne idée.
2 Non, je ne **suis/es/est** pas seul.
3 Il y **a/ai** des concerts **au/aux** stade.
4 On **peux/peut** voir des chanteurs et **du/des** groupes.
5 Elle déteste **fais/faire** de l'athlétisme avec ses copines.
6 Est-ce que tu **aime/aimes joue/jouer** au basket?

F 6 Translate these sentences into French.

1 I like playing basketball ....

2 Clément hates swimming. ....
   Make sure to include the verb faire.

3 You don't like playing football. ....

4 In my opinion, it's a bad idea. ....

5 Do you like doing sport with me? ....
   Use est-ce que to start a yes/no question

H 7 Translate this letter into English.

Salut! Je m'appelle Nadia et j'adore danser. Il y a un club de danse dans mon collège. Ce soir, il y a un concert en ville. À ton avis, c'est une bonne idée? Est-ce que tu aimes la musique et la danse? Mes parents détestent la musique classique, cependant mon frère Hugo adore toutes sortes de musique. Moi aussi!

....
....
....
....
....
....

1 Ma vie en ligne
Using the present tense of regular -er verbs

1 Write the French for these adjectives in the crossword.

1 rubbish
2 dangerous
3 fun
4 great
5 recent
6 boring

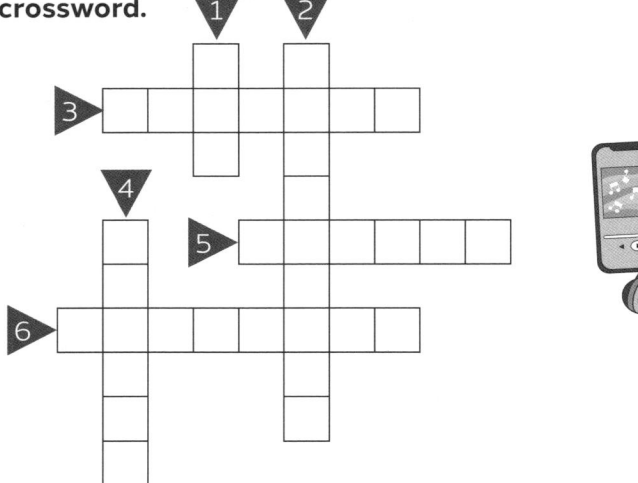

2 Fill in the missing vowels in these frequency expressions.

1 all the time	t**ou**t l........ t........mps	5 often	s........v........nt
2 every day	t........s l........s j........rs	6 sometimes	q........lq........f........s
3 every evening	t........s l........s s........rs	7 from time to time	d........ t........mps
4 every weekend	t........s l........s		........n t........mps
	w........k-........nds	**H** 8 sometimes	p........rf........s

---

There are many regular -er verbs in French.
They work like this in the **present tense**:
jou**er** (to play)
je jou**e**   I play
tu jou**es**   you (singular) play
il/elle/on jou**e** he/she plays / we play
nous jou**ons**   we play
vous jou**ez**   you (plural or polite) play
ils/elles jou**ent** they play

envo**y**er (to send) changes **y** to **ie** in these forms:
j'envo**ie** tu envo**ies**
il/elle/on envo**ie**
ils/elles envo**ient**

---

3 Separate out the words to make accurate sentences and write them down.

1 jécoutedeschansons   J'écoute ....
2 jeregardedesvidéossurlesvirus   ....
3 elleenvoiedesmessages   ....
4 nouscherchonsdesdonnées   ....
5 tujouesàdesjeux   ....
6 jachètesouventdesvêtements ....

Check the verb endings in the grammar box.

Module 1
Student Book pp. 8–9

4 Write the correct forms of the verbs in brackets.

1 je (parler) .... 5 tu (regretter) ....

2 elle (regarder) .... 6 je (télécharger) ....

3 vous (envoyer) .... **H** 7 il (ressembler) ....

4 on (charger) .... **H** 8 nous (prêter) ....

H 5 Draw lines to match up the parts of the sentences.

1	Nous	parle	des photos en ligne.
2	J'	détestez	le harcèlement sur Internet.
3	Tu	écoutent	de la musique avec des écouteurs.
4	Elle	partages	un nouveau portable.
5	Vous	envoyons	avec ses copains tous les jours.
6	Elles	achète	des messages tout le temps.

F 6 Translate these sentences into English.

1 J'adore les réseaux sociaux.

....

2 Tu parles avec ta famille au Canada.

....

3 Ils partagent des photos chaque week-end.

....

4 Qu'est-ce que tu fais ce soir?

....

5 Elle n'aime pas utiliser son portable.

....

H 7 Translate this message into French.

What do you do online? Me, I play games with my friends every day and I often download songs. In my opinion, the internet is essential. However, there are sometimes security risks. In spite of that, it's very important to communicate with friends and family. My dad sometimes shares photos on his favourite app!

- ✓ Remember that both 'my' and 'friends' need to be plural.
- ✓ Make sure that 'sometimes' goes after the verb.
- ✓ Use *ses* for 'friends' and *sa* for 'family'.

....

....

....

....

2 Tu as une vie active?
Using the present tense of irregular verbs

1 Unjumble the anagrams of these activities.

1 le ebatsk ....
2 le lové ....
3 la simuueq ....
4 le ooft ....
5 la iscunie ....
H 6 l'lémehatsit ....

2 Choose the correct French words from the box to complete the sentences.

| active | cuisine | équipe | football | groupe | mois | ~~piscine~~ | rien |

1 Je vais à la *piscine*.
2 Je joue au ....
3 Il fait de la ....
4 Je ne suis pas ....
5 Tu joues dans un ....
6 Elle joue dans l'................. du collège.
H 7 D'habitude, je ne fais ....
H 8 Chaque ...., je change mon code.

G The following key verbs are **irregular** in the **present tense**. Singular forms:

aller (to go)	avoir (to have)	être (to be)	faire (to do/make)
je vais	j'ai	je suis	je fais
tu vas	tu as	tu es	tu fais
il/elle/on va	il/elle/on a	il/elle/on est	il/elle/on fait

3 Complete the missing words in these parallel translations.

1	Je *fais* du sport avec ma famille.	I do sport *with* my ....
2	.... écoute de la .... dans sa chambre.	She listens to music in her ....
3	On .... souvent à la	We .... go to the swimming pool.
4	Tu es trop sportif et actif.	.... are too .... and active.
5	Je .... au parc avec mon chat.	.... go to the .... with .... cat.
6	Il .... une vie .... active.	He has a very active ....

4 Rewrite these sentences, correcting the <u>verb</u> mistake in each one.

1 Je <u>vas</u> à un concert – le programme est excellent.
....

2 Elle <u>fais</u> de la natation – c'est gratuit aujourd'hui.
....

3 Tu <u>a</u> une famille assez ordinaire.
....

4 Je ne <u>fait</u> jamais de sport.
....

G Plural forms:

aller (to go)	avoir (to have)	être (to be)	faire (to do/make)
nous allons	nous avons	nous sommes	nous faisons
vous allez	vous avez	vous êtes	vous faites
ils/elles vont	ils/elles ont	ils/elles sont	ils/elles font

Module 1
Student Book pp. 10–11

H 5 On <u>ai</u> un concours le week-end suivant.

....

H 6 Il n'<u>es</u> pas sur la bonne piste.

....

H 5 Rearrange the sections of text to create a paragraph starting with section 6.

1. mes parents ne font pas de
2. actives et nous allons souvent
3. piscine. Ils préfèrent la musique classique
4. et ils vont souvent à des concerts.
5. au centre sportif. Nous faisons
6. ~~Moi et mes amies, nous sommes très~~
7. de la natation tous les jours. Cependant,
8. sport. Ils ne vont jamais à la

Moi et mes amies, nous sommes très ....
....
....
....
....
....
....

F 6 Translate these sentences into French.

1. I am not very active. ....

Remember that 'often' goes after the verb in French.

2. She <u>often</u> goes to the swimming pool with me. ....

3. I play basketball in the school team. ....

4. He has a music lesson today. ....

Use a part of faire, not aller.

5. Normally I <u>go</u> cycling with my brother. ....

H 7 Translate this paragraph into English.

Je passe beaucoup de temps devant un écran. Je parle souvent en ligne avec mes amis et nous partageons des photos. Internet est indispensable pour moi. Cependant, la cybercriminalité est un problème. Le week-end, je vois mes amis du collège. Ils sont tous assez sportifs, donc nous faisons des activités ensemble, ou nous allons au centre sportif. D'habitude, ils vont au café après.

....
....
....
....
....
....

3 Qu'est-ce que tu regardes?
Forming and answering questions

1 Write the English for these types of video content.

1 les comédies ....
2 les vidéos de danse ....
3 les séries ....
4 les émissions de sport ....
5 les films ....
6 les vidéos de cuisine ....
7 les vidéos TikTok ....
H 8 les documentaires ....

2 Draw lines to match up the questions with the answers. Then complete the missing words in the answers.

1 Qu'est-ce que tu regardes?
2 Quand est-ce que tu regardes des films?
3 Comment est-ce que tu regardes des vidéos?
4 Avec qui est-ce que tu regardes la télé?
5 Quel est ton film préféré?
H 6 Est-ce que les critiques sont bonnes?

a Je .... la télé .... ma petite sœur.
b Je .... des films le soir ou le week-end.
c Je préfère regarder des .... en streaming.
d Je regarde des *émissions* de sport.
e Oui, ... sont bonnes.
f .... Le Roi Lion.

> **G**
> quel/quelle/quels/quelles + noun means 'which ...?' or 'what ...?'.
> It is an adjective and has to agree with the noun it refers to.
>
> | masculine singular | feminine singular | masculine plural | feminine plural |
> |---|---|---|---|
> | **quel** cinéma? | **quelle** vidéo? | **quels** films? | **quelles** valeurs? |

3 Choose the correct form of *quel* from the box to complete the sentences.

> quel   quelle   quels   quelles

1 .... vidéo regardes-tu en premier?
2 Tu aimes .... film?
3 Tu préfères .... définition?
4 .... images aimes-tu?
5 Tu détestes .... sports?
6 Vous aimez .... cinéma?

4 Separate out the words and write out the sentences.

1 Vouspréférezvoirqueltypedefilm?   Vous préférez ....
2 Lefilmfinitàquelleheure?   ....
3 Avecquiestcequetuaimesregarderdesvidéos?   ....
H 4 Tuvoudraisalleràquelleséancecesoir?   ....
H 5 Pourquoiestcequevousaimezêtresurscène?   ....

Module 1
Student Book pp. 12–13

H 5 Write answers to each of the following questions using the prompts given.

Re-use as many words from the question as you can.

1. Tu voudrais voir quel type de film? `action`

   Je ....

2. La séance est à quelle heure? `20h30`

   ....

3. Comment est-ce qu'on va au cinéma? `en bus`

   ....

4. Quand est-ce que nous finissons? `22h00`

   ....

F 6 Translate these sentences into English.

1. J'adore regarder des émissions de science-fiction.

   ....

2. Mon ami Jules aime aller au cinéma.

   ....

3. Quelquefois il regarde des émissions de cuisine.

   ....

4. Elle poste souvent des vidéos négatives.

   ....

5. Quel est ton film d'action préféré?

   ....

H 7 Translate this paragraph into French.

Hi Maxime, how are you? What do you like watching on TV? I love cooking shows, because I often do cooking with my brother. We love to make cakes together, especially at the weekend. My brother never goes to the cinema. However, we like to watch films at home. It's also less expensive.

- ✓ Remember that 'often' goes after the verb.
- ✓ Take care with the plural form.
- ✓ Remember that *ne … jamais* goes around the verb.

....
....
....
....
....

4 Qu'est-ce qu'on va faire?
Using the near future tense

1 Find the French for these time expressions and write them down.

cesoirdemainàdixheuresetdemieàminuitaujourdhuicetaprèsmidicematinàneufheures

1 tomorrow .... 5 at midnight ....
2 at nine o'clock .... 6 this morning ....
3 today .... 7 at half past ten ....
4 this afternoon .... 8 this evening ....

2 Fill in the gaps using a verb from the box. You can use each verb more than once.

aller   faire   jouer   acheter

1 _jouer_ au football
2 .... un cadeau
3 .... au centre commercial
4 .... de la cuisine
5 .... au cinéma
6 .... les magasins
H 7 .... au club de jeunesse
H 8 .... des achats

3 Rewrite these sentences, correcting the verb mistake in each one.

1 Je <u>vas</u> manger avec ma famille.
   Je vais manger....

2 Elle <u>vont</u> acheter un cadeau d'anniversaire.
   ....

3 Ils <u>vais</u> prendre le bus à Paris.
   ....

4 Nous <u>allez</u> aller en ville cet après-midi.
   ....

5 Tu <u>vais</u> partir à midi demain?
   ....

> **G** You can use the present tense of *aller* (to go) + an **infinitive** to refer to the future.
> This is called the **near future tense**.
> je vais **aller** au match
> tu vas **attendre** le bus
> il/elle/on va **faire** de la cuisine
> nous allons **visiter** le musée
> vous allez **voir** un spectacle
> ils/elles vont **partir** à midi

4 Rewrite these near future tense sentences in the correct order. The first word in each sentence has been <u>underlined</u>.

> ★ Use the examples in the grammar box above to help spot the things that will go towards the start of the sentence.

1 vais / centre / commercial / <u>Je</u> / aller / au
   Je vais aller ....

2 prendre / <u>On</u> / le / à / demie / neuf / va / heures / et / bus
   ....

3 les / <u>Nous</u> / faire / magasins / allons / habituels
   ....

4 un / va / acheter / mère / d'anniversaire / <u>Lucie</u> / cadeau / pour / sa
   ....

Module 1
Student Book pp. 14–15

5 cinéma / vont / une / au / pour / aller / voir / comédie / Ils

....

6 avec / Qu'est-ce / allez / que / mot / votre / de / faire / vous / passe?

....

H 7 il / D'abord, / surprendre / parents / va / ses

....

H 8 séance / Je / et / heures / à / demie / la / de / sept / aller / vais

....

H 5 Underline the subject and verb(s) in each sentence and then tick the correct box to show which tense is used.

	Present tense	Near future tense
1 Je vais souvent à la campagne avec mon cheval.	✓	☐
2 Elle va visiter le château avec ses enfants.	☐	☐
3 Vous allez au centre sportif tous les jours.	☐	☐
4 D'habitude, il va au restaurant le samedi soir.	☐	☐
5 Demain matin, tu vas jouer au handball avec moi?	☐	☐
6 Je ne vais pas prendre le bus pour aller en ville.	☐	☐

F 6 Translate these sentences into French.

1 This morning, I am going to play tennis. ....

2 She is going to take the bus at eleven o'clock. ....

> Remember that *ne ... pas* goes around the first verb.

3 I am not going to go to the park. ....

4 Tomorrow, we are going to visit the museum. ....

5 Are you going to come with us? ....

H 7 Translate this message into English.

Salut! Demain, je vais aller en ville avec des copains. Ça t'intéresse? D'abord, on va faire des achats. Mon amie Nadia veut acheter une nouvelle robe. C'est une chose très importante pour elle (désolé!). Ensuite, on va manger au restaurant vers une heure. L'après-midi, les autres vont voir un film récent au cinéma, mais je veux rentrer chez moi pour finir mes devoirs. C'est dommage! À bientôt!

....

....

....

....

5 Qu'est-ce que tu as fait?
Using the perfect tense

1 Write out the French for these adjectives and then find them in the word search.

1 fun ....
2 expensive ....
3 great ....
4 nice ....
5 perfect ....
6 exciting ....
7 boring ....
8 rubbish ....

É	B	A	R	X	H	C	Y	M	T	S
M	F	A	M	U	S	A	N	T	I	Y
Y	L	P	G	E	C	G	L	R	A	M
R	L	É	H	Y	I	É	L	A	F	P
P	U	F	B	U	M	N	G	H	R	A
T	N	A	N	N	O	I	S	S	A	P
I	M	H	D	N	C	A	Y	I	P	E
F	M	C	H	E	R	L	F	P	É	L

2 Choose pairs of phrases from the grid to make sentences in the perfect tense.

~~J'ai joué~~	un thé	j'ai lu	la télé	des frites	j'ai fait	un livre	j'ai inventé
des photos	j'ai bu	~~au foot~~	des achats	j'ai mangé	une appli	j'ai pris	j'ai regardé

J'ai joué au foot. ....

....

> Use the **perfect tense** to refer to the past. It is formed of two parts:
> 1 the auxiliary verb (part of **avoir** or **être**)
> 2 the past participle
> You form the past participle of regular **-er** verbs like this:
> *chanter* (to sing) → chant**é**
> *j'ai* chant**é** (I sang)   *il/elle/on a* chant**é** (he/she/we sang)
> The following verbs have an irregular past participle:
> **boire** (to drink) → *j'ai* **bu** (I drank)
> **faire** (to do/make) → *j'ai* **fait** (I did/made)
> **lire** (to read) → *j'ai* **lu** (I read)

3 Add the correct part of *avoir* to complete these sentences.

1 J'ai bu un peu de lait.
2 Elle .... joué à des jeux sur la console.
3 Ce matin, nous .... fait les magasins.
4 Vous .... écrit une chanson que j'aime bien.
5 Tu n'................ pas regardé par la fenêtre.
6 L'année dernière, j'................ lu vingt livres.
7 À midi, il n'................ pas mangé de frites.
8 Elles .... gagné le match.

> For verbs that take **être** as the auxiliary verb, e.g. *aller* (to go) and *rester* (to stay), the past participle must agree with the subject:
> *elle* **est** *allée* (she went)   *ils* **sont** *allés* (they went)

Module 1
Student Book pp. 16–17

4 Circle the correct auxiliary verb and then translate the shaded part of each sentence into English.

1 Il **a** /(**est**) allé en ville. .... he went ....
2 Tu **as** / **es** fait tes devoirs, c'était un grand succès! ....
3 Nous **avons** / **sommes** restés à la maison. ....
4 Ils **ont** / **sont** acheté un nouveau vélo. ....
H 5 Elle n' **a** / **est** pas allée à la séance de huit heures. ....
H 6 Nous **avons** / **sommes** envoyé un courrier à la poste. ....

> In the perfect tense, negatives go around the part of *avoir* or *être*:
> Je **n'ai pas** acheté de souvenirs. (did not) **G**

H **5** Write out these perfect tense sentences in the correct order. The first chunk of each sentence has been underlined.

1 concert / frère / <u>Samedi dernier</u> / je / allé / à un / suis / avec mon
....
2 à côté / <u>D'abord</u> / mangé / dans un / du stade / restaurant / avons / nous / juste
....
3 je / <u>Plus tard</u> / acheté / pas / un pantalon / j'ai / acheté / mais / n'ai / de chemise
....
4 belle / j'ai / vraiment / et / <u>C'était</u> / génial / sa / voix / trouvé / très
....

F **6** Translate these sentences into English.

c'était	it was

1 Lundi dernier, j'ai joué d'un instrument avec mon frère. ....
2 Pour commencer, j'ai acheté des baskets. ....
3 Puis mon frère est allé au centre sportif. ....
4 Il a gagné le match – c'était une belle victoire! ....
5 C'était amusant et il était très content. ....

H **7** Translate this text into French.

Hi Emma. What did you do last weekend? I went to Paris with my family. It was very nice but a bit expensive, especially the museums. On Saturday morning we took the train and the journey was quite long. In the evening, we watched a concert. On Sunday we stayed at the hotel because Saturday was too tiring!

....
....
....
.... fatigant!

6 J'ai participé aux Jeux de la Francophonie!

Understanding and asking questions in the perfect tense

1 Draw lines to match up the question words.

1 quand   a where
2 où   b why
3 comment   c with whom
4 avec qui   d when
5 à quel âge   e how
6 pourquoi   f at what age
7 combien   g how much / how many

2 Complete the missing words in these parallel translations.

1	.Tu. es de quel pays?	Which .... are you from?
2	Je suis de France.	I .... from ....
3	.... as-tu participé aux Jeux?	When did you .... in the ....?
4	.... participé aux Jeux en	I participated in the games in June.
H 5	Est-ce que vous .... gagné?	Did you ....?
H 6	Non, ... fini en troisième position.	No, but we finished in .... position.

Questions in the **perfect tense** often use inversion.
The subject swaps places with the first verb, with a hyphen in between.
Tu as participé aux Jeux de la Francophonie. → *As-tu* participé aux Jeux de la Francophonie?
When there is a question word, it comes at the start of the question:
Quand as-tu participé aux Jeux de la Francophonie?
Inversion is not used with questions that start with *Est-ce que ... ?* or *Qu'est-ce que ... ?*

3 Rearrange the shaded words and write out the questions in full.

1 allé quand es tu au cinéma? ....
2 as tu pourquoi acheté une voiture? ....
3 tu avec as joué qui au football? ....
4 as mangé tu où hier soir? ....

Remember to add a hyphen. See the examples in the grammar box.

4 Circle the deliberate verb mistake in each sentence and then write out the correct form of the verb.

1 Comment est-ce que tu écouter de la musique? ....
2 Quand es-tu fait tes devoirs de maths? ....
3 Est-ce que tu préfère le basket ou le handball? ....
4 Qu'est-ce qu'ils fait au centre commercial aujourd'hui? ....

H 5 Avec qui sont-elles allés en France le mois dernier? ....

H 6 Pourquoi avez-vous choisir d'étudier le français? ....

H 5 **Use phrases and words from the grid to translate the questions into French. You will need to use some phrases or words twice.**

le week-end	es-tu	la cuisine	est-ce que	à quel âge	allé
une nouvelle	faire	tu es	acheté	as-tu	en principe
d'accord	qu'est-ce que	à ta sœur	quand	à chanter	prêté
tu as	maison	commencé	à Paris	tu aimes	pourquoi

1 Do you like doing the cooking? *Est-ce que tu aimes* ....

2 When did you go to Paris? ....

3 What do you like doing at the weekend? ....

4 At what age did you start to sing? ....

5 Why did you buy a new house? ....

6 What did you lend to your sister? ....

7 Do you agree in principle? ....

F 6 **Translate these sentences into French.**

1 I do dance at the sports centre. ....

2 She plays football every evening. ....

Use the verb marcher *in the perfect tense.*

3 I walked in the countryside. ....

4 I participated in the games last year. ....

5 When did you eat at the café? ....

After 'when', invert the subject and the first verb.

H 7 **Translate this paragraph into English.**

les dix jours sans écrans   ten days without screens

Les dix jours sans écrans, est-ce que tu penses que c'est une bonne idée ou une mauvaise idée? Ce n'était pas difficile pour les adultes, mais pour moi, c'était complètement nul. La lecture ne m'intéresse pas. Cependant, j'ai passé le week-end dernier avec ma famille et nous avons fait du vélo ensemble – c'était très amusant! Et toi, qu'est-ce que tu as fait pendant les dix jours sans écrans?

....

....

....

....

....

Glossary

bold = this word will appear in Higher exams only

à	at, to, in, on
à la / à l'	at/to/in/on the (f)
achat (m)	purchase
acheter	to buy
activité (f)	activity
adorer	to love
adulte (m)	adult
âge (m)	age
ai	(I) have
aimer	to like
ami (m)	friend
appli(cation) (f)	app
après	after
après-midi (m)	afternoon
as	(you) have
athlétisme (m)	athletics
attendre	to wait
au / à l'	at/to/in/on the (m)
aujourd'hui	today
aux	at/to/in/on the (pl)
avec	with
avez	(you) have
avis (m)	opinion
avons	(we) have
bien	well, a lot
bien	good
bientôt; à bientôt	soon; see you soon
boire	to drink
bon (m)	good
bonne (f)	good
bu	drank
bus (m)	bus
ce, cet (m), c'	this, that, it
centre (m)	centre
centre commercial (m)	shopping centre
cependant	however
chambre (f)	bedroom
chanson (f)	song
chanter	to sing
chaque	each, every
charger	to load, to charge
chat (m)	cat
château (m)	castle
cheval (m)	horse
chez	at/to (the house of)
chose (f)	thing
cinéma (m)	cinema
classique	classic, classical
club (m)	club
code (m)	code
collège (m)	secondary school
combien	how much/many
comédie (f)	comedy
comme	as, like
commencer	to start
comment	how
concert (m)	concert
console (f)	console
content	happy
copain (m)	friend
copine (f)	friend
courrier (m)	mail
critique (f)	review
cuisine (f)	cuisine, cooking, kitchen
cybercriminalité (f)	cybercrime
d'abord	firstly
dangereux	dangerous
dans	in, inside
danse (f)	dance
danser	to dance
de la / de l'	of/from the (f)
de temps en temps	from time to time
de / d'	of, from
définition (f)	definition
demain	tomorrow
dernier	last
des	of/from the (pl)
désolé	sorry
détester	to hate
devant	in front of
documentaire (m)	documentary
dommage (m)	damage, (what a) pity
données (fpl)	data

Module 1: Glossary

du / de l'	of the, from (the) (m)
écouter	to listen
écouteurs (m)	headphones, earbuds
elle	she
émission (f)	programme
en	of/about it/them
en	in, by, to
ennuyeux	boring
es	(you) are
est-ce que / est-ce qu'	questioning device
et	and
était	(she/he/it/one) was
être*	to be
faire	to do/make
fais	(I/you) do/make
faisons	(we) do/make
fait	(she/he/it/one) does/makes
famille (f)	family
film (m)	film
finir	to finish
foot(ball) (m)	football
génial	great
gratuit	free
habituel	usual
handball (m)	handball
harcèlement (m)	bullying
il	he
ils	they
image (f)	image
indispensable	essential
instrument (m)	instrument
Internet (m)	internet
je	I
jeu (m)	game
jeunesse (f)	youth
jouer	to play
jour (m)	day
la, l' (f)	the
le, l' (m)	the
lecture (f)	reading
les (pl)	the
livre (m)	book
lu	read
ma (f)	my
mais	but
manger	to eat
match (m)	match
matin (m)	morning
minuit (m)	midnight
moi	me
mois (m)	month
mon (m)	my
mot de passe (m)	password
ne … pas	not, no
ne … jamais	never, not ever
négatif	negative
nous	we
on	everyone, you, one, we
ordinaire	ordinary
par	by, for, per
parce que, parce qu'	because
parfois	sometimes
parler	to speak
partir	to leave
peu	few, little
peux	(I) am / (you) are able to, can
photo (f)	photo
piste (f)	track, trail
portable (m)	mobile phone
pour	for, in order to
préféré	favourite
préférer	to prefer
premier	first
prendre	to take
prêt	ready
prêter	to lend
principe (m)	principle
programme (m)	programme
puis	then, next
quand	when
quart (m)	quarter
que, qu'	what, than, that
quel	which, what
récent	recent
regretter	to regret

Module 1: Glossary

rester	to stay
rythme (m)	rhythm
sans	without
scène (f)	scene, stage
science-fiction (f)	sci-fi
séance (f)	film screening
sécurité (f)	security, safety
série (f)	drama series, soap opera
seul	alone
s'intéresser à	to be interested in
social	social
soir (m)	evening
sommes	(we) are
souvent	often
spectacle (m)	show
sport (m)	sport
sportif	sporty
streaming (m)	streaming
succès (m)	success
suis	(I) am
suivant	next, following
sur	on, upon
surprendre	to surprise
surtout	especially
ta (f)	your
te, t'	you
télé(vision) (f)	television
télécharger	to download
ton (m)	your
totalement	totally
tous (mpl)	all, every
tout (m)	all, the whole
très	very
trop	too much, too many
tu	you
type (m)	type
va	(she/he/it/one) goes
vais	(I) go
valeur (f)	value
vas	(you) go
vélo (m)	bike, cycling
venir	to come
veux	(I/you) want (to)
victoire (f)	victory
vidéo (f)	video
virus (m)	virus
visiter	to visit
voir	to see
voix (f)	voice
vont	(they) go
voudrais	(I/you) would like

Notes

Zone de culture Libre d'être moi
Using emphatic pronouns

1 Translate these words into French using words from the box.

> la langue
> le respect
> la fierté
> les droits
> la communauté
> ~~la personnalité~~
> la religion
> l'amitié
> les amis
> l'identité

1 personality la personnalité
2 friends ....
3 language ....
4 identity ....
5 respect ....
6 religion ....
7 rights ....
H 8 community ....
H 9 friendship ....
H 10 pride ....

2 Complete the sentences using the words in the box.

> identité
> jumeaux
> discrimination
> basket
> calme
> habite
> ~~France~~
> frère
> anglais

1 Hugo est né en France.
2 Maintenant, il .... au Canada.
3 Il a un .... qui s'appelle Luis et qui a 14 ans.
4 Il est patient et ....
5 Il parle français et ....
6 Il a beaucoup de loisirs. Deux exemples sont le football et le ....
H 7 Il lutte contre la ....
H 8 Ce qui fait son .... c'est la communauté.
H 9 Il ressemble à Luis parce qu'ils sont ....

3 Separate the words and write out the sentences.

1 Masœuresttoujourslàpourmoi.
   Ma sœur est ....

2 Mondemi-frèreestgayetilaimepasserdutempsavecmoi.
   ....

3 Est-cequelatraditionestimportantepourtoi?
   ....

4 J'aimepasserdutempsavectoi!
   ....

5 Cequiestimportantpourmoi,c'estmonidentitéetmapersonnalité.
   ....

> **G** Emphatic pronouns are used after prepositions such as **pour, avec, sans** and **à**.
> sans moi — without me
> avec toi — with you

4 Rewrite each sentence, putting the words into the correct order.

1 racisme moi lutter important le est pour contre.
   Lutter contre ....

2 est religion est-ce que importante toi la pour ?
   ....

Module 2
Student Book pp. 32–33

3 pour parents moi toujours sont là mes.

....

H 4 mes je sans suis copains, seul j'adore eux.

....

> **H** Other emphatic pronouns are:
> pour lui — for him
> à elle — to her
> sans nous — without us
> avec vous — with you
> pour eux — for them
> à elles — to them

H 5 pour la importante mes est tantes foi et suis je d'accord elles avec.

....

H 6 père est non-binaire mon et lui je grâce à les autres respecte.

....

H 5 Underline the correct pronoun in each of these sentences.

1 Je pense qu'il faut respecter les autres. Pour **eux / moi / nous**, il est important de lutter contre la discrimination.

2 Ma demi-sœur est bisexuelle et mon frère jumeau est non-binaire. Grâce à **moi / ils / eux**, je trouve le respect envers les autres très important.

3 Ce qui fait l'identité de ma mère, c'est sa langue et ses enfants. Je suis d'accord avec **elle / lui / vous**.

4 J'aime passer du temps avec ma famille, surtout mon oncle. Avec **il / moi / lui**, je suis calme et patient.

5 Mes parents aiment passer du temps avec moi et mon frère. Sans **moi / nous / toi**, ils se sentent seuls.

6 La foi, la paix et le courage sont importants pour mes tantes lesbiennes. Je suis d'accord avec **lui / elles / eux**.

F 6 Translate these sentences into French. Use a separate sheet if necessary.

1 I am straight and my brother is non-binary.

....

2 My religion is important to me.

....

> Remember to check if the noun is masculine, feminine or plural.

3 My mother speaks English and French.

....

4 She is a fan of basketball.

....

5 What defines my identity is my personality.

....

H 7 Translate this paragraph into English on a separate sheet.

Qu'est-ce qui fait ton identité et pourquoi? Pour moi, la justice et le courage sont extrêmement importants. C'est à nous tous de respecter tout le monde, de reconnaître nos différences et de tolérer les opinions des autres. La représentation des autres aide dans la lutte contre la discrimination et pour l'égalité.

1 Un week-end en famille
Using reflexive verbs in the present tense

1 Translate these words for family members into French.

1 girl ....
2 son ....
3 sister ....
4 family ....
5 step-dad ....
6 mother ....
7 brother ....
8 uncle ....
9 woman ....
10 parents ....

2 Draw lines to match up the French time expressions with their English translations.

1 le dimanche matin
2 le samedi soir
3 après
4 ensuite
5 plus tard
6 à vingt heures
7 d'abord
8 puis

a after
b then
c first of all
d on Sunday mornings
e at 8 pm
f next
g on a Saturday evening
h later

Some verbs have a reflexive pronoun that goes before the verb. Lots of daily routine verbs are reflexive. Remember that *me*, *te* and *se* are contracted to *m'*, *t'* and *s'* before a vowel.

je **me** repose	I rest
tu **te** reposes	you rest
il/elle **se** repose	he/she rests
on **se** repose	we rest
nous **nous** reposons	we rest
vous **vous** reposez	you rest
ils/elles **se** reposent	they rest

je **m'**amuse	I have fun
tu **t'**amuses	you have fun
il/elle **s'**amuse	he/she has fun
on **s'**amuse	we have fun
nous **nous** amusons	we have fun
vous **vous** amusez	you have fun
ils/elles **s'**amusent	they have fun

3 Unjumble the French words to translate the English sentences.

1 On a Saturday morning I get up at 8 o'clock.   je / le samedi matin / lève / à huit heures / me

   ....

2 I get dressed and I have fun at home.   je / je / chez moi / m'amuse / m'habille / et.

   ....

3 After, I relax with my family.   me / avec / ma famille / je / après / repose.

   ....

4 Later at 11 pm I go to bed.   à 23 heures / au lit / je / plus tard / vais.

   ....

5 On a Sunday morning I work in a shop.   je travaille / le dimanche / dans / matin / un magasin.

   ....

6 On a Monday morning I get up early because I go to school.
   au collège / le lundi matin / car / tôt / je me / je vais / lève .

   ....

Module 2
Student Book pp. 34–35

4 Complete each sentence using a phrase from the box. There are more phrases than sentences.

grands-parents
copain à la plage
mes amis après le collège
son beau-père et son mari
mère dans la cuisine
jardin le week-end
avec soin
vivre avec sa famille

1 Ma belle-mère se lève tôt le matin car elle aide sa …
....
2 Fathia habite au Canada avec …
....
3 Je m'amuse avec …
....
4 Le soir, Emma se repose dans le jardin avec ses …
....
H 5 D'habitude je m'entraîne avec mon …
....
H 6 Mon père s'occupe de son …
....

H 5 Complete the sentences with the correct reflexive pronoun: *me, te, se, nous* or *vous*.

1 D'abord, le matin, ma mère, elle …………… habille en un instant et puis elle fait de la cuisine.
2 Mon frère aîné et moi, nous …………… entraînons au centre sportif et nous rions ensemble.
3 Vous …………… levez à quelle heure le vendredi?
4 Je …………… amuse avec ma demi-sœur le week-end et on garde le chien âgé ensemble.
5 Mes frères, ils …………… lèvent tôt car ils s'ennuient au lit.
6 Tu …………… reposes souvent à la maison?
7 Autrement, mon père …………… occupe de son jardin le dimanche après-midi.
8 Est-ce que vous …………… amusez bien quand vous jouez sur Internet?

F 6 Translate these sentences into English. Use a separate sheet if necessary.

1 Dans ma famille il y a quatre personnes. ....
2 J'habite avec mon père et mes deux sœurs. ....
3 Le samedi matin je me lève à dix heures. ....
4 Ensuite je me repose avec mon groupe d'amis. ....
5 Plus tard, à vingt-trois heures, je vais au lit. ....

H 7 Translate this paragraph into French on a separate sheet.

Use either on *or* nous.

In my family there are four people: my two dads, my twin sister and me. We have fun at the weekend! On a Saturday morning I get up at 10 and I play games in my bedroom. My dads look after the garden in the afternoon. On Sundays I go to bed very late but on Mondays I get up early! What do you do at the weekend?

Remember that this needs to be plural; the ending for 'they'.

2 L'amitié est la clé du bonheur
Making adjectives agree

1 Crack the code to find the French words. Complete the key as you go along: each symbol is one letter. Then match the words to their English translations.

Coded word	Decoded word	English translation
1 A C T ♥ ◊	....	....
2 E ∆ ∆ U ⇧ E U X	....	....
3 P A ✹ ♥ E ∆ ✹	....	....
4 S ⇧ M P A	....	....
5 ✹ R A V A ♥ ● ● E U R	....	....
H 6 ◊ ♥ E R	....	....
H 7 ◊ ♥ → È ● E	....	....

a patient
b hard-working
c active
d faithful
e boring
f proud
g nice

Code key

♥		◊	→	⇧	✹	●	∆	

2 Complete the sentences using the words in the box. There are more words than gaps.

maximum
beaucoup
ami
souvent
problèmes
ligne
différents
égal

1 Un bon .... pour moi est sympa et indépendant.
2 Je préfère .... d'amis amusants.
3 J'aime avoir des groupes d'amis ....
4 Mes amis sont .... sérieux.
5 Un bon ami écoute mes ....
6 Je n'aime pas avoir beaucoup d'amis en ....

Adjectives in French agree with the gender of the noun they are describing and whether it is singular or plural. Most adjectives follow this pattern:

masculine	feminine	masc plural	fem plural
amusant	amusant**e** (add -e)	amusant**s** (add -s)	amusant**es** (add -es)

Some adjectives follow different patterns:

	masculine	feminine	masc plural	fem plural
-eux	sérieux	sérieuse	sérieux	sérieuses
-f	actif	active	actifs	actives
-er	fier	fière	fiers	fières

Some adjectives are irregular and need to be learned. For example, *vieux* (old).

masculine	feminine	masc plural	fem plural
vieux	vieille	vieux	vieilles

3 Write the adjectives from the box in the correct columns, according to number and gender. Two of the adjectives can go in more than one column.

masculine	feminine	masc plural	fem plural

patient   amusante   patients
amusantes   travailleur
travailleuse   travailleurs
travailleuses   sportif   sportive
sérieux   sérieuse   ennuyeux
ennuyeuses   actifs   actives

Module 2
Student Book pp. 36–37

4 Rewrite the sentences so that they agree with the new subject of the sentence.

1 Mon frère, il est tout le temps très patient.   Ma mère, elle est tout le temps très *patiente*.
2 Mon ami Théo est souvent ennuyeux.   Mes amis sont souvent ....
3 Mes sœurs ne sont pas du tout travailleuses.   Mon père n'est pas du tout ....
4 Mes amies sont souvent actives.   Mon ami est souvent ....
5 Est-ce que tu es fidèle?   Est-ce qu'elles sont .... ?
6 Je suis rarement patient!   Mes demi-frères sont rarement ....
7 Je pense que je suis complexe et indépendant.   Je pense que Marie est ....
8 Mes frères sont de temps en temps fiers de moi.   Ma mère est de temps en temps ....

5 Rearrange the sentences to create a paragraph starting with sentence 4.

1 … sœur jumelle. Elle est …
2 … réel mais j'ai aussi …
3 … patient et toujours sympa. On s'amuse …
4 La plupart du temps je …
5 … bien ensemble. Mais je ne m'entends pas bien avec ma …
6 … s'excuse rarement. Mes amis …
7 … m'entends très bien avec mon frère. Il est …
8 … sont importants pour moi. J'ai besoin d'amis dans le monde …
9 … beaucoup d'amis en ligne.
10 … indépendante mais elle n'est pas souvent sympa. Elle …

La plupart du temps je ....
....
....
....

6 Translate these sentences into French. Use a separate sheet if necessary.
Use a reflexive verb.

1 I get on well with my mother. ....
2 She is nice and always patient. ....
3 I prefer a group of friends. ....
4 My friends are funny and hard working. ....
5 Do you get on well with your parents? ....

7 Translate this paragraph into English on a separate sheet.

Pour toi, c'est quoi l'amitié et les bonnes relations? Pour moi, un bon ami est quelqu'un qui rit avec moi, qui apprécie les mêmes choses que moi. Quand je suis triste mes amis écoutent mes problèmes. Ils sont des alliés et ils s'identifient à moi. Je m'entends bien avec mes amis. Mes amis sont réellement fiers de moi. Et les tiens? C'est pareil pour toi?

3 Couleur famille
Understanding the position of adjectives

1 Complete the sentences using the words in the box. There are more words than gaps.

grande
long
roux
bleus
lunettes
cheveux
yeux
soleil
lien
maladies

1 Ma sœur est ....
2 Elle a le visage ....
3 Elle a les cheveux ....
4 Elle a les yeux ....
5 Elle porte des ....
6 Mon frère a les .... longs.
7 Il a les .... verts.
8 Il porte des lunettes de ....

2 Read the clues and complete the grid with words from the box.

- Mon père n'est pas petit.
- Ma sœur a le visage long.
- Ma mère est très petite.
- Ma sœur n'a pas les yeux verts ou bleus.
- Ma mère porte des lunettes de soleil.
- La personne qui a les cheveux roux porte des lunettes.
- La personne qui a les yeux verts a aussi les cheveux blonds.

bleus   verts   marron   roux   blonds   châtains   grand
très petite   petite   lunettes   lunettes de soleil   visage long

	Les yeux	Les cheveux	Grand ou petit?	Visage? Lunettes?
Père				
Mère				
Sœur				

> Most adjectives come **after** the noun. For example, *les yeux verts*: green eyes. Some adjectives come **before** the noun. These include *beau, jeune, vieux, bon, mauvais, grand, petit, haut, nouveau*.
> Several of these are irregular:
>
> | masculine | feminine | masc plural | fem plural |
> |---|---|---|---|
> | beau | belle | beaux | belles |
> | vieux | vieille | vieux | vieilles |
> | bon | bonne | bons | bonnes |
> | nouveau | nouvelle | nouveaux | nouvelles |

3 Unjumble the words to create sentences starting with the word given.

1 a cheveux il longs les — Il ....
2 un long il visage a — Il ....
3 de porte des elle lunettes soleil grandes — Elle ....
4 marron yeux les elle a — Elle ....
5 il elle petit grande est est mais — Il ....
6 châtains cheveux a elle les — Elle ....

Module 2
Student Book pp. 38–39

4 Rewrite the following sentences adding the adjectives in the correct place next to the noun in *italics*. Make sure they agree!

1 (jeune)   Sur la photo il y a un *homme*. Sur la photo il y a un jeune homme.

2 (long)   La femme à droite a les *cheveux* ....

3 (vert)   L'homme a les *yeux* ....

4 (petit)   Mon oncle a un *sourire* ....

5 (sportif)   Au premier plan je vois des *filles* ....

6 (vieux)   Dans le jardin il y a une *femme* ....

H 7 (petit, rouge)   Elle porte un *chapeau* ....

H **5** Read the photo description. Tick the question each sentence is answering.

Sentence	Décris les personnes.	C'est où?	Que font-ils?
1 Ils sont dans un restaurant familial.			
2 Les personnes mangent des frites et boivent de l'eau.			
3 Je vois deux parents, un garçon et une fille. Je pense qu'ils sont tristes.			
4 Ils sont en ville et ils se reposent.			
5 Les enfants s'amusent et ils se comportent bien.			
6 Parmi les gens, je vois une femme à cheveux roux.			
7 L'homme a un beau sourire, c'est évident.			

F **6** Translate these sentences into English.

1 Mon frère est assez grand, comme mon père.

....

2 Il a les cheveux courts et les yeux marron.

....

3 Sur la photo mon frère et moi sommes dans un restaurant.

....

4 On mange et on s'amuse bien.

....

5 Mon frère est étudiant et il fait souvent du vélo.

....

H **7** Translate this paragraph into French on a separate sheet.

> Think about which adjectives come before/after the noun.

My friend Lola is fun! She has ginger hair and big blue eyes. She is average height and she has a big smile. She is often very happy but sometimes she is quite sad. She wears a small red hat. In the photo we are in a restaurant. We are eating and having fun. In the background there is a park with some rabbits hiding amongst the trees.

4 La place des idoles
Using direct object pronouns

1 Unjumble the letters to make words you may fight for or against.

  1 le emciars   ....
  2 l' tilgaéé   ....
  3 le ieesxsm   ....
  4 l' teoveinnnnrme   ....
  H 5 le eaèthecrmln ....
  H 6 la iujtesc   ....

2 Underline the best word from each sentence.

  1 Un bon modèle, c'est quelqu'un qui **lutte / aide / partage** les gens.
  2 Elle a **lutté / inspiré / changé** contre le sexisme.
  3 Elle a partagé des **photos / racisme / personnages** positives sur les réseaux sociaux.
  H 4 Je la suis parce qu'elle est certainement **publique / aînée / amusante**.
  H 5 Grâce à son courage et son style elle a montré que chaque **personne / sorte / genre** peut faire une différence.
  H 6 Je l' **ignore / adore / écrit** simplement parce qu'elle est sportive et qu'elle me ressemble.
  H 7 Elle a **annoncé / raconté / signifié** qu'elle veut faire une différence.

A **direct object pronoun** replaces a noun that is the object of the sentence. It is usually in front of the verb.
Je *partage les vidéos.* → Je **les** *partage.*
The direct object pronouns are given in the table.
When the verb that follows starts with a vowel *me, te, le* and *la* contract to *m', t',* and *l'.*
J'aime Luc. → *Je l'aime.*

me	me
te	you
le	him / it
la	her / it
nous	us
vous	you
les	them

G

---

3 Complete the translations using the direct object pronouns in the box.

  me   te   vous   la   le

  1 I watch you. (singular)   Je .... regarde.
  2 They invite me.   Elles .... invitent.
  3 I love you. (plural)   Je .... aime.
  4 Are you winning it? (feminine)   Est-ce que tu .... gagnes?
  5 I follow him.   Je .... suis.
  6 Do you share it? (masculine)   Est-ce que vous .... partagez?

4 Rewrite these sentences, replacing the underlined words with a direct object pronoun and verb.

1 J'<u>écoute ma chanson préférée</u> dans le jardin.   Je .... dans le jardin.

2 Je <u>partage la glace</u> avec ma sœur.   Je .... avec ma sœur.

3 Elle <u>suit ton frère et toi</u> parce que vous aidez les gens et que vous partagez vos amis.   Elle .... parce que vous aidez les gens et vous partagez vos amis.

4 J'<u>aime Morgane, ma mère</u>.   Je ....

H 5 Yasmina <u>invite mon amie et moi</u> chez elle.   Yasmina .... chez elle.

H 6 On va <u>nommer nos modèles préférés</u> cette année.   On .... cette année.

H 5 Rewrite these sentences including a direct object pronoun.

1 Je vais suivre Eva car elle lutte en public pour les droits des personnes transgenres.
....

2 Je ne partage pas mon ordinateur portable, c'est entièrement le mien!
....

3 J'invite ton frère et toi à vous réunir avec moi après les vacances.
....

4 Il n'écoute pas les chansons nationales parce qu'il a écrit ses propres chansons. Il préfère le son des siennes!
....

5 Nous allons changer l'opinion publique nous-mêmes.
....

F 6 Translate these sentences into French.
Use a separate sheet if necessary.

> Remember where the direct object pronoun goes.

1 I follow her because she is funny and active. ....

2 A good model is a person who helps people. ....

3 She is well known for her films. ....

4 She has fought for equality and against racism. ....

5 She has shared positive messages about her disability. ....

H 7 Translate this paragraph into English on a separate sheet.

> Remember that this can mean two things. Think about the sense of the paragraph to decide on the correct translation.

Moi, je nomme Greta Thunberg comme bon modèle. Je la <u>suis</u> parce qu'elle est devenue célèbre grâce à son courage. Elle est connue pour sa lutte pour l'environnement. Elle a fait une promesse au public de continuer sa lutte contre la mort de la planète. Elle est un exemple important pour nous tous. C'est un individu qui m'inspire; je voudrais bien avoir une amie pareille.

5 Famille, amour, gâteau
Using the perfect, present and near future tenses

1 Draw lines to match the French and English time phrases.

1. en ce moment
2. déjà
3. l'année prochaine
4. la semaine dernière
5. demain
6. normalement
7. hier
8. aujourd'hui
9. d'habitude [H]
10. le lendemain [H]

a. the following day
b. already
c. today
d. last week
e. usually
f. tomorrow
g. normally
h. at the moment
i. yesterday
j. next year

2 Translate these words into French.

1. restaurant ....
2. to sing ....
3. to party ....
4. to dance ....
5. marriage ....
6. to eat ....
7. birth .... [H]
8. meals .... [H]

In order to identify different tenses, we can use hints that can be present in time phrases and we can look at the structure of the verb.

Time frame	Present	Past	Near future
Tense	Je danse Tu danses Il/elle/on danse	J'ai dansé Tu as dansé Il/elle/on a dansé	Je vais danser Tu vas danser Il/elle/on va danser
Example time phrase	En ce moment	Mardi dernier	Demain

3 Which tense is each sentence in? Tick the correct column.

Sentence	Perfect	Present	Near future
1 J'ai préparé un gâteau.			
2 Je vais aller au cinéma avec mes amis.			
3 Je reçois des cartes.			
4 J'ai invité toute la famille.			
5 Je mange un grand repas.			
6 Je vais faire la fête et beaucoup manger.			
7 J'ai reçu des vêtements.			
8 Je fais une sortie avec ma mère.			

4 Rewrite the underlined verbs, changing the tenses according to the instructions in brackets.

1. Il reçoit beaucoup de cadeaux. .... (present → perfect)
2. Je reste en contact avec mes parents. .... (present → near future)
3. Je ne vais pas partager les problèmes personnels. .... (near future → present)
4. On va fêter l'arrivée de mon frère de Madagascar. .... (near future → present) [H]
5. Elles invitent au minimum six amies folles elles-mêmes. .... (present → perfect) [H]
6. Nous fêtons nos anniversaires différemment cette année. .... (present → near future) [H]

Module 2
Student Book pp. 42–43

H 5 Choose as many boxes as you need from the grid to translate the sentences into French. You will need to use some boxes twice.

tu as fait	à une soirée	amis	le mariage	je vais recevoir	de ton frère
l'occasion de	pour fêter	faire la fête	entre	beaucoup de cadeaux	avec mon fils
avec ma tante	tu vas faire	qu'est-ce que	l'année prochaine	au cinéma britannique	l'année dernière
de tes parents	on est allés	Je vais avoir	clairement	la naissance	et son partenaire

1 I will have the chance to party amongst friends.

....

2 We went to the British cinema with my aunt.

....

3 Last year what did you do to celebrate the birth of your brother?

....

4 Clearly, I'm going to get lots of presents.

....

5 Next year what will you do to celebrate your parents' marriage?

....

6 Last year we went to a dinner party with my son and his partner.

....

F 6 Translate these sentences into English.

1 Qu'est-ce que vous faites pour votre anniversaire?

....

2 Normalement je vais chez ma mère et son nouveau mari. Il est fou!

....

3 L'an dernier je suis allée au stade où j'ai vu des célébrités.

....

4 Mon frère a préparé un repas pour nous tous.

....

5 L'année prochaine je vais recevoir des vêtements, probablement une robe bleue.

....

H 7 Translate this paragraph into French on a separate sheet.

Today is a special occasion! We are celebrating my brother's civil partnership. I have bought new clothes and we have prepared a large meal for the whole family. They're going to get lots of presents! We are going to dance and sing together. Next week it's my birthday. It is going to be extremely tiring!

Glossary

bold = this word will appear in Higher exams only

a	(she, he, it, one) has / (we) have
à l'arrière plan	in the background
âgé	old
aide (f)	aid, help
aîné	older, oldest
allié (m)	ally
amitié (f)	friendship
amour (m)	love
an (m)	year
annoncer	to announce
arrivée (f)	arrival
assez	enough, quite
au premier plan	in the foreground
autre	other, another
autrement	otherwise, in a different way, differently
avoir…ans	to be…years old
beaucoup; beaucoup de	a lot; a lot of, many
bisexuel	bisexual
blond	blond
britannique	British
cacher, se cacher	to hide
car	because
carte (f)	card, map, credit card, menu
célébrité (f)	celebrity, star
certainement	certainly, surely
châtain	brown
cheveux (mpl)	hair
civil	civil
clairement	clearly
communauté (f)	community
complexe	complex, difficult
connu	knew, was familiar with, well-known
contact (m)	contact
courage (m)	courage, bravery
court	short
demi-frère (m)	step-brother, half-brother
demi-sœur (f)	step-sister, half-sister
différemment	differently
différence (f)	difference
discrimination (f)	discrimination
droite (f)	right
égal	equal
égalité (f)	equality
(à) elles	they / (to) them (f)
elles-mêmes (f)	themselves
enfant (mf)	child
entièrement	entirely, completely
envers	towards
étudiant (m)	student (university)
évident	obvious
exemple (m)	example
extrêmement	extremely
faire la fête	to party, have fun
familial	family (adj)
fan (m, f)	fan, supporter
femme (f)	woman, wife
fierté (f)	pride
fille (f)	girl, daughter
fils (m)	son
foi (f)	faith
folle (f)	crazy, wild
fou (m)	crazy, wild
frère (m)	brother
garçon (m)	boy
garder	to keep
gay	gay
genre (m)	genre, type, sort
gens (mpl)	people
grand; grand-	great, big, tall; grand-
habiller; s'habiller	to dress; to get dressed
handicap (m)	disability
hétéro(sexuel)	straight
homme (m)	man
identité (f)	identity
ignorer	to ignore, not know
important	important
individu (m)	individual
instant	instant

Module 2: Glossary

inviter	to invite
je suis d'accord avec	I agree with
jumeau (m), jumeaux (mpl)	twin
jumelle (f)	twin
la, l' (f)	her, it (obj)
langue (f)	language, tongue
lapin (m)	rabbit
le, l' (m)	him, it (obj)
lendemain (m)	the next day, following day
lesbien	lesbian
lien (m)	link
loisir (m)	leisure, leisure activity, hobby
maladie (f)	illness
mari (m)	husband
mariage (m)	marriage, wedding
maximum (m)	maximum
me, m'	me / to / for me / myself
mère (f)	mother, mum
le mien, la mienne, les miens, les miennes	mine
minimum (m)	minimum
modèle (m)	model, role model
mort	dead
naissance (f)	birth
national	national
nommer	to call, name
non-binaire	non-binary
nous-mêmes	ourselves
occasion (f)	occasion, chance, opportunity
oncle (m)	uncle
ont	(they) have
opinion (f)	opinion
ordinateur portable (m)	laptop
où (?)	where(?)
paix (f)	peace
pareil (m), pareille (f)	same
parent (m)	parent
parmi	amongst
partenaire (m, f)	partner
patient	patient
père (m)	father, dad
personnage (m)	character
personnalité (f)	personality
personnel	personal
petit	small, little
plupart	most
positif	positive
pourquoi (?)	why(?)
préparer	to prepare
probablement	probably
prochain	next
promesse (f)	promise
public (m)	public, audience
public (m), publique (f)	public (adj)
racisme (m)	racism
raconter	to tell
reçois	(I, you) receive
reçoit	(she, he, it, one) receives / (we) receive
reconnaître	to recognise
réel	real
réellement	really
relation (f)	relationship
religion (f)	religion
représentation (f)	representation
ressembler à	to look like, resemble
réunir	to gather, meet, reunite
rire	to laugh
rit	(she, he, it, one) laughs / (we) laugh
robe (f)	dress
roux	red, ginger
s'amuser	to enjoy oneself
se comporter	to behave
se, s'	himself, herself, itself, oneself, ourselves
s'ennuyer	to be bored, get bored
s'entraîner	to train
ses (pl)	his, her, its, everyone's, ones, your

Module 2: Glossary

s'excuser	to apologise
s'identifier (à)	to identify (with), relate (to)
le sien, la sienne, les siens, les siennes	hers, his
signifier	to mean
simplement	simply
s'occuper de	to look after, take care of
sœur (f)	sister
soin (m)	care
soirée (f)	evening, dinner party
son (m)	sound
sont	(they) are / (they) were / (they) have been
sortie (f)	exit, outing
sourire	to smile
sourire (m)	smile
spécial	special
stade (m)	stadium
style (m)	style
suis	(I, you) follow
suit	(she, he, it, one) follows / (we) follow
sympa	nice, kind
taille (f)	size
tante (f)	aunt
tard	late
tes (pl)	your
le tien, la tienne, les tiens, les tiennes	yours
toi ; (à) toi	(to) you
tolérer	to tolerate
tout le monde	everyone, everybody
tradition (f)	tradition
transgenre	transgender
union (f)	union
vêtements (mpl)	clothes
visage (m)	face
vivre	to live
vois	(I, you) see
vos (pl)	your
votre (m, f), vos (pl)	your
vous	you (formal, plural)
à vous	to/for you/ yourselves/ yourself (formal, plural)
yeux (mpl)	eyes

Notes

Foundation translation revision

French to English

1 Circle the errors in the English translations. Then rewrite each translation.

1 Ma belle-mère a les yeux marron.

My step-mother has green eyes. ....

2 Elle partage des messages positifs sur les réseaux sociaux.

She shares positive photos on social media. ....

3 Je joue à des jeux vidéo tous les jours.

I sometimes play video games. ....

4 Samedi matin on a regardé la télé.

On Saturday morning we watch TV. ....

5 Demain je vais aller chez ma tante.

Tomorrow I'm going to go to my uncle's house. ....

6 J'aime regarder les films sur mon portable.

I like watching films on my laptop. ....

2 Read the French paragraph. Then put the English sentences into the correct order.

> Je passe beaucoup de temps en ligne. J'écoute des chansons et j'achète quelquefois des vêtements. À mon avis, Internet est essentiel mais il y a des risques bien sûr. Qu'est-ce que tu fais en ligne? Mon modèle lutte contre le racisme sur les réseaux sociaux. Je la suis parce qu'elle aide les autres.

1 My role model fights against racism on social media.

2 I listen to songs and I sometimes buy clothes.

3 What do you do online?

4 I spend lots of time online.

5 I follow her because she helps others.

6 In my opinion the internet is essential but there are, of course, risks.

☐ ☐ ☐ ☐ ☐ ☐

3 Translate the sentences into English on a separate sheet.

1 Je préfère un groupe d'amis amusants.

2 Mon amie Sacha a les cheveux longs et châtains.

3 On aime regarder les émissions de sport ensemble.

4 Aujourd'hui on va aller au musée.

5 Le week-end dernier on a joué au tennis au centre sportif.

> Be careful! Look at the tense that the sentences are in when you are translating them.

Modules 1–2: Translation revision

English to French

1 Unjumble the French words to translate the English sentence.

1 I listen to songs — des / chansons / J'écoute
....

2 We are going to see a show — voir / On / spectacle / un / va
....

3 My friends are crazy but intelligent — intelligentes / sont / mais / amies / folles / Mes
....

4 I get on well with my brother — mon / Je / frère / m'entends / avec / bien
....

2 Use the words in the box to translate the sentences into French.

> ne   mon   restaurant   allons   les   a   acheter   suis   fait   courts   à un   cadeau
> identité   ma   nous   il   cheveux   allée   un   ce qui   c'est   religion   je   pas

1 He has short hair. ....

2 We are going to buy a present. ....

3 What defines my identity is my religion. ....

4 I did not go to a restaurant. ....

3 Which is the correct translation? Circle A or B.

1 I live with my half-sister.
 A J'habite avec mon demi-sœur.
 B J'habite avec ma demi-sœur.

2 They went shopping.
 A Ils ont fait les magasins.
 B Ils vont faire les magasins.

3 What are we going to do?
 A Qu'est-ce qu'on va faire?
 B Qu'est-ce qu'on fait?

4 I have blue eyes.
 A J'ai les yeux bleus.
 B J'ai les cheveux bleus.

5 They are funny and patient.
 A Elles sont amusant et patient.
 B Elles sont amusantes et patientes.

4 Translate these sentences into French.

> Why were the other sentences wrong? This may help you with Exercise 4.

Do you need mon, ma or mes?

1 I live with **my** mother and my two brothers. ....

What ending do we use for nous?

2 **We** love watching films in the evening. ....

3 I don't get on well with my step-father. ....

4 Last weekend he **played** tennis on the beach. ....

Use the perfect tense!

5 What do you do online? ....

Higher translation revision

French to English

1 Read the text and translate the underlined sections into English.

J'adore danser et s'il y a **1** <u>un concert ou un spectacle</u> en ville, je suis toujours là. La musique est **2** <u>très importante</u> dans ma vie. **3** <u>Cependant</u>, mes parents **4** <u>ne l'aiment pas</u> trop. **5** <u>Pour eux</u>, c'est ennuyeux. **6** <u>Je ressemble beaucoup à</u> ma mère, mais on n'aime pas **7** <u>les mêmes choses</u>. D'habitude **8** <u>elle s'occupe du jardin</u> le week-end et fait la cuisine. Moi, **9** <u>je lutte contre</u> le racisme sur les réseaux sociaux.

1 ....
2 ....
3 ....
4 ....
5 ....
6 ....
7 ....
8 ....
9 ....

2 Read the French text. Complete the English translations.

1 J'écoute toujours mes parents. Tu ne les écoutes jamais!

   I always listen to my parents. You ....

2 Est-ce qu'elle porte un petit chapeau rouge?

   Is she wearing ....

3 Parfois, quand je suis triste, ma meilleure amie m'offre des conseils.

   Sometimes, when I am sad, ...

4 Mon frère a les cheveux roux et un grand sourire.

   My brother has ginger hair ....

5 Je m'entraîne le dimanche matin; l'année dernière j'ai participé au concours.

   I train on Sunday mornings; ....

6 Mon ami n'apprécie pas les mêmes choses que moi.

   My friend does not appreciate ....

3 Translate this paragraph into English.

D'habitude je passe beaucoup de temps devant un écran. J'envoie des messages à mes amis et on partage des photos. Parfois je télécharge des chansons. Ma mère ne les télécharge jamais! Cependant, on a aussi besoin d'amis dans le monde réel. Un bon ami est quelqu'un qui apprécie les mêmes choses que moi. On s'amuse et on s'ennuie ensemble.

> You need a direct object pronoun.

....
....
....
....

Modules 1–2: Translation revision

English to French

1 Choose and shade a box from each column to translate the sentences into French. Then write the sentences out.

Mon prof	ressemble	très fier	en ville.
L'année dernière	allées	amusés	de moi.
Mon ami	est	gagné	grand-père.
Nous sommes	se sont bien	au concert	le concours.
Mes parents	j'ai	à son	dans le jardin.

1 My friend looks like his grandfather. ....
2 My parents had fun in the garden. ....
3 My teacher is very proud of me. ....
4 Last year I won the competition. ....
5 We went to the concert in town. ....

2 Read this passage and complete the partial translation below, filling in the missing verbs. Make sure that they are in the correct tense!

> H! For me it is important to have a group of nice friends, isn't it? Usually, we go to the swimming pool and we swim together. But tomorrow, I am going to go into town with friends. We are going to take the bus and I think that we are going to see a show. Last week we celebrated the birth of my little brother. We hired a restaurant; it was excellent.

Salut! Pour moi, il est important d'...................................... un groupe d'amis sympa, n'est-ce pas? D'habitude .... à la piscine et .... ensemble. Mais demain, je .... en ville avec des copains. .... le bus et je crois qu'on va .... un spectacle. La semaine dernière .... la naissance de mon petit frère. On .... un restaurant; c'était excellent.

3 Translate this paragraph into French.

Normally to celebrate my birthday I go to the cinema with my parents. Last year, I also invited two friends. We had good fun! This year my dad is going to hire a restaurant. They are going to prepare an extraordinary dish for me. It's going to be great. Are you coming?

> Notice the change of tense.
> You need the perfect tense of a reflexive verb.

Zone de culture Au collège chez nous
The definite article

1 Translate these French words and phrases into English.

1. j'adore ....
2. j'aime ....
3. je suis ....
4. j'habite ....
5. il y a ....
6. le collège ....
7. le cours ....
8. l'uniforme ....
9. la salle de classe ....
10. la matière ....
11. [H] l'emploi du temps ....
12. [H] le comportement ....

2 Unjumble the French names for year groups to complete the sentences.

1	Year 7	Je suis en	èmeixis
2	Year 8	Ana est en	enquièmic
3	Year 9	Enzo est en	urièqemta
4	Year 10	Elle est en	metoièsir
5	Year 11	Nous sommes en	consede

The definite article 'the' changes according to the noun:

masculine singular	**le**
feminine singular	**la**
before a vowel (masc/fem singular)	**l'**
plural	**les**

You often need the definite article in French even where you wouldn't use it in English, e.g.
*On étudie **le** théâtre et **l'**anglais.*   We study drama and English.

3 Add the correct definite article (*le / la / l' / les*) to these nouns.

1. homework .... devoirs
2. lesson .... leçon
3. sports pitch .... terrain
4. order .... ordre
5. creation .... création
6. delay .... retard
7. start of school year .... rentrée
8. exercise book .... cahier
9. education .... éducation
10. detail .... détail

> You might need to check the gender of some of these nouns in the glossary or in a dictionary.

4 Rewrite this paragraph, correcting the **six** deliberate language errors.

Sur le photo, il y a un prof, trois garçon et deux filles. Au fond, une fille porte un gros pantalon grise. Ils sont dans un salle de classe. Il y a beaucoup d'ordinateurs portables. L'élèves travaillent et le prof mangent!

....
....
....

Module 3
Student Book pp. 58–59

5 Draw lines to match up the English and French. Then write *le, la, l'* or *les* in the gap, if needed. If no article needs to be added, write a dash –.

1 I love school.
2 The building is quite modern.
3 It depends on the teacher.
4 The laptops are very old.
5 I am in Year 9.
6 According to me, music is interesting.
7 I represent college at football.
8 The subjects are in French.

a .... bâtiment est assez moderne.
b Selon moi, ... musique est intéressante.
c Je représente .... lycée en football.
d J'adore .... collège.
e Les matières sont en .... français.
f Ça dépend du .... professeur.
g .... ordinateurs portables sont très vieux.
h Je suis en .... quatrième

6 Translate these sentences into English.

1 Sur la photo, il y a sept personnes.

....

2 Un garçon porte une grosse chemise rose.

....

3 C'est vrai – ils sont sur le terrain de foot.

....

4 Les élèves jouent dans deux équipes.

....

5 J'ai fini mes devoirs de maths hier soir.

....

7 Translate this paragraph into French.

Use the present tense of pouvoir followed by an infinitive.

I live in Paris with my family and I am in Year 10 at school. I love my school because I can see my friends every day and we get on very well. At school, my favourite subjects are maths and drama. We don't have a school uniform, but in general I wear a jacket. I like being able to wear my own clothes.

Use the infinitive pouvoir followed by another infinitive.

....
....
....
....
....
....

1 Quelle est ta matière préférée?
Using comparative adjectives

1 Separate out the school subjects and write them down.

lesmathslesportlanglaislamusiquelefrançaislessciencesletheâtrelhistoire

....

....

2 Complete the table with the correct form of these adjectives, then write the English in the right-hand column.

The general rule is to add **-e** for feminine, **-s** for masculine plural and **-es** for feminine plural, but take care as there are some other spelling changes to watch out for.

masculine singular	feminine singular	masculine plural	feminine plural	English
amusant		amusants	amusantes	
difficile	difficile			
	ennuyeuse	ennuyeux		
facile			faciles	
important				
			intéressantes	
		utiles		
nouveau	nouvelle			
nul	nulle	nuls		
		passionnants		
H moyen	moyenne			

To compare things, use:
plus + adjective + **que**   more + adjective + than
moins + adjective + **que**   less + adjective + than

3 Underline the *plus/moins* and the adjective in each sentence. Then draw lines to match up the French with the English.

1 L'histoire est plus amusante que la musique.   a Music is easier than science.

2 La musique est moins importante que les sciences.   b Music is less important than science.

3 Les sciences sont moins difficiles que l'histoire.   c History is more boring than science.

4 La musique est plus facile que les sciences.   d History is more fun than music.

5 Les sciences sont moins utiles que l'histoire.   e Science is less difficult than history.

6 L'histoire est plus ennuyeuse que les sciences.   f Science is less useful than history.

The adjective must agree (in gender and number) with the first noun:
Le français est plus **intéressant** que les sciences.   French is more interesting than science.
La musique est moins **importante** que les maths.   Music is less important than maths.

Module 3
Student Book pp. 60–61

4 Rewrite the French sentences below in full to translate the English sentences.

1 My favourite subject is English because I like to read.
   Ma matière préférée est l'anglais car j'aime lire.
   ....

2 You are weak at science but it's very important.
   Vous êtes faible en sciences mais c'est très important.
   ....

3 In my opinion, sport is less exciting than music.
   À mon avis, le sport est moins passionnant que la musique.
   ....

H 4 Obviously I think that maths is more useful than English.
   Évidemment je pense que les maths sont plus utiles que l'anglais.
   ....

H 5 Rearrange these words to make sentences.

1 très le je théâtre car je suis pas ne déteste fort
   ....

2 que sont passionnantes les moins la musique sciences
   ....

3 français je que pense le est l'anglais plus utile que
   ....

4 a qu'on devoirs trop de c'est-à-dire maths en
   ....

F 6 Translate these sentences into French.

1 I am very weak at English. ....

2 In general, the teachers are quite nice. ....

3 She thinks that sport is exciting. ....

4 Lessons start at nine o'clock. ....

5 We have too much maths homework. ....

H 7 Translate this paragraph into English on a separate sheet.

Je n'aime pas trop mon collège actuellement. Je n'aime ni les cours ni les profs – ils sont assez sévères et ils ne nous traitent pas bien. Même si j'aime bien voir mes amis tous les jours, il est difficile de se taire pendant les cours. Mon amie Fathia pense que les maths sont plus importantes que les langues, mais moi, je préfère les matières plus simples comme l'anglais et la musique. Ces matières reflètent mes compétences aussi.

2 C'est injuste!

Using *il faut* + infinitive   Using impersonal verb structures followed by infinitives

1 Translate these words and phrases into French.

Make sure to include the *le/la/l'/les* each time.

1 work ....
2 building ....
3 pupils ....
4 mobile phone ....
5 playground ....
6 homework ....
7 uniform ....
8 exams ....

2 Unjumble the letters to find the infinitive verbs and write them in the gaps.

1	to wear	.....porter..... une jupe	*pteror*
2	to change	.... de matière	*angcher*
3	to respect	.... les autres	*cresterep*
4	to give	.... des devoirs	*nedorn*
5	to do/make	.... des progrès	*aifre*
6	to put	.... l'uniforme	*temret*
7	to take	.... un risque	*denprre*
8	to run	.... dans la cour	*roucir*
H 9	to refuse	.... d'aller au collège	*reerfus*
H 10	to require	.... les élèves	*ogerbli*
H 11	to teach	.... bien	*genserein*
H 12	to sit down	.... en classe	*s'eoirssa*

To talk about rules, use:
il faut + **infinitive**
Il faut **porter** l'uniforme scolaire.
You have to wear the school uniform.

il ne faut pas + **infinitive**
Il ne faut pas **arriver** en retard.
You must not arrive late.

3 Circle the correct infinitive verb in each sentence to complete these school rules.

1 Il faut **(travailler)** / **manger** en classe.
2 Il faut **lire** / **respecter** les profs.
3 Il ne faut pas **quitter** / **écouter** la salle de classe.
4 Il faut **porter** / **manger** une cravate rouge.
5 Il faut **danser** / **téléphoner** quand on est malade.
6 Il ne faut pas **faire** / **perdre** ses devoirs.
7 Il faut **oublier** / **étudier** au moins huit matières.
8 Il ne faut pas **arriver** / **chanter** en retard.

Module 3
Student Book pp. 62–63

> **H** *il est* + adjective + *de* + infinitive
> **Il est** *interdit* **de** *manger en classe.*   It is forbidden to eat in class.
> **Il est** *important* **de** *faire ses devoirs.*   It is important to do your homework.

4 Complete the sentences using the words in the box. There are more words than you need.

> donc   la   manger   important   scolaire   faut   les   classe   place   est   après   arriver   pas   assez

1 Il ne .... pas utiliser son portable en classe.

2 On n'a pas le droit de .... pendant les cours.

H 3 Il .... essentiel de porter l'uniforme ....

H 4 Il est .... de respecter .... profs.

H 5 En ...., il faut toujours s'asseoir à sa ....

H 6 Il ne faut .... aller au gymnase .... les cours.

H 5 Circle the **two** deliberate errors in each sentence. Rewrite the sentences correctly.

1 Les (prof) doivent être stricts presque (tout) les jours.
   Les profs doivent être stricts presque tous les jours.

2 Il faut organisé le manifestation nous-mêmes. ....

3 Il es essentiel de porte une jupe en été. ....

4 Il ne faut pas empruntez des cahier. ....

5 Il est importante de discuter de le uniforme. ....

6 Maintenant, il faut avons confiance en les directeur. ....

F 6 Translate these sentences into English.

1 Je suis en faveur de l'uniforme scolaire. ....

2 Il ne faut pas utiliser son portable. ....

3 Je compare souvent mes professeurs. ....

4 Les profs ont changé les règles. ....

5 Demain, je vais traduire un texte. ....

H 7 Translate this paragraph into French on a separate sheet.   *Use on.*

My favourite subject is English because the teacher is nice. However, I don't like technology because we have too much homework. School finishes at 4pm and it's forbidden to stay at school after lessons. Our uniform isn't very comfortable and the students want to organise a protest, but I think that it is going to be a failure.

Use vouloir + infinitive.

3 As-tu fait des progrès?
F Using irregular verbs in the perfect tense

Module 3
Student Book pp. 64–65

1 Translate these infinitive verbs into French.

1 to take ....
2 to run ....
3 to read ....
4 to drink ....

5 to write ....
6 to do/make ....
7 to learn ....
8 to receive ....

> **G** Lots of verbs are irregular and have **irregular past participles**, e.g.
> *boire* (to drink) → *j'ai* **bu** (I drank)
> *faire* (to do/make) → *tu as* **fait** (you did/made)
> *prendre* (to take) → *elle a* **pris** (she took)
>
> In the perfect tense, **negatives** go around the part of *avoir* or *être*.
> *Je* **n'ai pas** *lu le livre.* I haven't read the book.
> *Tu* **n'as jamais** *fait tes devoirs.* You have never done your homework.

2 Choose two boxes from the grid to translate these phrases into French. You will need to use some boxes more than once.

il a	pris	lu
ri	mis	elle a
j'ai	reçu	couru
appris	tu as	on a

1 she received ....
2 you took ....
3 we read ....
4 I learned ....
5 he ran ....
6 I laughed ....
7 you put ....
8 we received ....

3 Separate the words and write out the sentences. Then highlight the past participle in each sentence.

1 ellenapasmissachemise. Elle n'a ....
2 tunaspascourudanslacourprincipale. ....
3 jenaijamaisfaitmesdevoirs. ....
4 ilnarienapprisenmathscetteannée. ....

4 Translate these sentences into French.

1 I like French because it's interesting.

....

2 I often laugh in class.

....

3 In maths, I received good grades.

....

4 The teacher says that he didn't read his book.

....

5 I have never done my science homework.

....

As-tu fait des progrès?
H Using irregular verbs in the perfect tense

Module 3
Student Book pp. 64–65

H 1 Draw lines to match up the verbs in the perfect tense with a noun or phrase.

1 J'ai appris
2 Il a bu
3 Elle a écrit
4 On a reçu
5 J'ai ri
6 Je me suis tu

a du thé en classe.
b car le prof criait.
c de bonnes notes.
d des choses exceptionnelles.
e pendant un examen.
f un long e-mail.

> **G**
> The superlative is formed like this:
> - the most ... **le/la/les plus** + adjective   le garçon **le plus** intéressant
>   la fille **la plus** intelligente
> - the least ... **le/la/les moins** + adjective   le prof **le moins** sympa
>   la matière **la moins** ennuyeuse

H 2 Use the adjective given in brackets, together with *le/la/les plus* (+) or *le/la/les moins* (−), to make a superlative.

> Remember to make the adjective agree in both gender and number.

1 Mathis est le garçon (+ travailleur). _Mathis est le garçon le plus travailleur._
2 La musique est la matière (+ pratique). ....
3 Elle est la prof (− original) dans notre collège. ....
4 Mon collège est (+ grand) collège en Angleterre. ....

H 3 Complete the sentences with a comparative and a superlative using the prompts in brackets.

1 Emma est forte; (*Rachid = stronger; Jade = the strongest pupil*)
   Emma est forte; Rachid est plus fort; Jade est l'élève la plus forte.
2 La prof d'anglais est stricte; (*French teacher = less strict; maths teacher = the least strict teacher*)
   ....
3 La musique est facile; (*French = easier; history = the easiest subject*)
   ....
4 Mes notes sont mauvaises; (*Lucas's marks = worse; Sacha's marks = the worst*)
   ....

H 4 Translate this paragraph into English.

J'ai une nouvelle prof d'histoire et je pense qu'elle est la prof la moins sympa! Elle est canadienne et ne connaît pas encore les systèmes de notre collège – elle ne nous prête jamais de stylo. Malheureusement, ça veut dire qu'elle nous impose les règles les plus inutiles et les moins justes. Par exemple, la semaine dernière, elle nous a interdit de travailler en groupes.

4 Souvenirs d'école
Using verbs in the imperfect tense

1 Rewrite these backwards forms of transport the right way round. Then write them in English.

J'allais à l'école ...

1 sub ne ....

2 olév à ....

3 deip à ....

4 erutiov ne ....

5 niart ne ....

6 rac ne ....

7 uaetab ne ....

2 Translate the phrases in the grid, using words from the box.

je demandais
je répétais
j'allais
je faisais
je prononçais
je trouvais
je me souvenais
j'exprimais
je promettais

1 I used to repeat	2 I used to ask	3 I used to pronounce
4 I used to go	5 I used to do	6 I used to find
H 7 I used to promise	H 8 I used to remember	H 9 I used to express

> The **imperfect tense** is used to talk about what things were like in the past or what used to happen.
> To form the imperfect tense, remove the *-ons* from the *nous* form of the verb in the present tense:
> *regarder* (to watch) ⟶ *nous regardons* ⟶ **regard-**
> Then add these endings:
>
> | je regard**ais** |
> | tu regard**ais** |
> | il/elle/on regard**ait** |
>
> The verb *être* has the stem *ét-*, e.g. *j'ét**ais*** (I was / I used to be).

3 Complete the table with the missing imperfect tense verbs.

	jouer	aimer	aller	être
je	jouais			
tu			allais	
il/elle/on		aimait		était

Module 3
Student Book pp. 66–67

4 Underline the eight **imperfect tense** verbs in the paragraph.

> L'année dernière, j'étais contente. J'aimais l'école parce que c'était intéressant. Mon ami jouait souvent au football avec moi et on faisait souvent les magasins ensemble le week-end. Je me rappelle que mon prof nous parlait avec respect et nous donnait toujours de bonnes notes. C'était excellent.

H 5 Write the correct form of the verb in the imperfect tense, using the same verb as in the first part of the sentence.

1 Auparavant j'habitais au Canada mais vous ....habitiez.... en France.

2 Ton école était petite et mon école .... plus grande.

3 Mon ami Théo aimait les maths mais toi, tu .... la musique.

4 Le prof d'histoire criait souvent, mais nous ne .... jamais.

5 Ils allaient au terrain de foot, cependant tu .... à la bibliothèque.

6 Je lisais un court article mais elles .... un roman en français.

> **G** The plural **imperfect tense** verb endings are:
> nous regard**ions**
> vous regard**iez**
> ils/elles regard**aient**

F 6 Translate these sentences into English.

1 J'allais à l'école en voiture tous les jours.

....

2 Pendant la pause de midi, je jouais au foot ou au basket.

....

3 Il y avait un prof de maths qui n'était jamais content.

....

4 J'étais un élève vraiment travailleur en général.

....

5 Il nous informait toujours des règles.

....

H 7 Translate this paragraph into French.

— Use *voici*.

Here is a photo of my old school. I was in Year 9 and I used to really like studying maths and science. Now, my new school is too big for me and I don't like it. Previously, I used to have lots of friends and we often used to play football during the lunch break. It was great and I have good memories.

....
....
....
....

5 Les langues et l'avenir
Using the imperfect, present and near future tenses

1 Complete these nouns, by writing the missing vowels.

Make sure to include accents where needed.

1 exchange   un __ch__ng__
2 exam   un __x__m__n
3 sixth form un lyc__ __
4 app   une __ppl__
5 company   une __ntr__pr__s__
6 mistake   une __rr__ __r
7 university une __n__v__rs__t__
8 explanation une __xpl__c__t__ __n
9 discussion une d__sc__ss__ __n
10 test   une __pr__ __v__

2 Draw lines to match up the sentence halves. Then translate the first part of the sentence into English.

1 ......I used to live......   J'habitais   a dans un énorme magasin.
2 ....   Je travaille   b trois langues étrangères.
3 ....   Je vais télécharger c à Paris.
4 ....   J'apprenais   d de travailler seule.
5 ....   Je suis élève   e une appli.
6 ....   Je vais refuser   f dans une école de cuisine.

Tense:	Imperfect	Present	Near future
To talk about ...	what **used to** happen	what **is** happening **now**	what is **going to** happen
être (to be)	j'étais	je suis	je vais être
aller (to go)	j'allais	je vais	je vais aller
faire (to do/make)	je faisais	je fais	je vais faire
apprendre (to learn)	j'apprenais	j'apprends	je vais apprendre

3 Underline the verb in each sentence and then tick to show whether the verb is in the imperfect, present or near future tense.

		imperfect	present	near future
1	À dix heures et demie j'étudie le français.			
2	Demain, je vais travailler au port.			
3	Mon ancienne école était assez petite.			
4	L'année dernière, j'aimais bien jouer au basket.			
5	Le week-end prochain, je vais avoir beaucoup de difficultés.			
6	Aujourd'hui nous faisons nos devoirs de technologie.			

4 Choose a verb from the box to fill each gap. Pay attention to which tense you need.

1 Dans le passé, je ne .... jamais la bonne réponse.

2 C'.................. très utile pour améliorer mes notes en français.

vais habiter
était
joue
fais
donnais
vais être
ai

Module 3
Student Book pp. 68–69

3 Je .... d'un instrument et je .... partie d'un club de musique.

4 L'hiver prochain, je .... à la montagne avec mes frères.

5 Je .... chef de cuisine dans un restaurant.

H 6 En ce moment, j' .... une bourse pour aller à l'université.

Most negatives are in two parts and go around the verb:
ne … pas	not	Je **ne** suis **pas** un élève travailleur.
ne … jamais	never	Elle **ne** va **jamais** habiter au Canada.
ne … que	only	Tu **n'**aimais **que** ton prof d'histoire?
H ne … aucun(e)	not one / not any	Il **n'**y a **aucune** salle de classe propre au collège!

H 5 Choose a suitable verb from the box for each sentence and put it in the tense given at the end.

1 Je .... au football avec mes sœurs demain. (near future)

2 L'année dernière, je ne .... jamais mes devoirs de maths. (imperfect)

3 Actuellement, en général, je ne .... pas de films en anglais. (present)

4 En ce moment, il n' .... aucun article lui-même. (present)

5 Demain, ils .... eux-mêmes un gâteau aux profs. (near future)

6 L'année dernière, vous ne .... qu'en Amérique. (imperfect)

jouer
finir
regarder
écrire
offrir
travailler

F 6 Translate these sentences into French.

1 When I was little, I used to live in Paris.

....

2 Now I prefer to live in the countryside.

....

3 I often used to watch films in French.

....

4 My brother doesn't like working at the bank.

....

5 One day, I am going to travel to America.

....

H 7 Translate this paragraph into English on a separate sheet.

Ma mère travaille dans un grand hôtel à Paris. Elle parle huit langues en tout – pour elle c'est normal, mais pour les clients, ces conversations sont extraordinaires! La conncissance des langues étrangères est essentielle pour son travail. Moi, j'apprenais l'anglais quand j'étais au collège, mais cette année, je n'apprends aucune langue étrangère. Ainsi, à l'avenir, je voudrais faire plus d'effort avec les langues et je vais apprendre plein de mots étrangers et améliorer mon accent!

Glossary

bold = this word will appear in Higher exams only

accent (m)	accent
actuellement	currently
ainsi	so, thus
améliorer	to improve
amusant	fun(ny)
anglais	English
apprendre	to learn
article (m)	article
auparavant	previously
aussi	also
avait	(he/she/it/one) had / used to have
basket (m)	basketball
baskets (fpl)	trainers
bateau (m)	boat
bâtiment (m)	building
bourse (f)	scholarship, grant
c'est-à-dire	in other words
cahier (m)	exercise book
canadien	Canadian
car (m)	coach (transport)
changer	to change
chemise (f)	shirt
classe (f)	class(room)
comparer	to compare
comportement (m)	behaviour
confiance (f)	trust, confidence
confortable	comfortable
connaissance (f)	knowledge
conversation (f)	conversation
cour (f)	playground
courir	to run
cours (m)	lesson
couru	ran
cravate (f)	tie
création (f)	creation
crier	to shout
déjeuner (m)	lunch
demander	to ask
dépendre	to depend
détail (m)	detail
devoirs (mpl)	homework
difficile	difficult
difficulté (f)	difficulty
discussion (f)	discussion
discuter	to discuss
donc	therefore, so
donner	to give
droit (m)	right
e-mail (m)	email
échange (m)	exchange
échec (m)	failure
école (f)	school
écrire	to write
éducation (f)	education
effort (m)	effort
élève (m, f)	pupil, student
emploi du temps (m)	timetable
emprunter	to borrow
en ce moment	at the moment
en retard	late
énorme	enormous
enseigner	to teach
épreuve (f)	test
erreur (f)	error
essentiel	essential
et demie	half past
étais	(I) was / (you) were / (I/you) used to be
êtes	(you) are
étudier	to study
eux-mêmes	themselves
évidemment	obviously
examen (m)	exam, test
excellent	excellent
exceptionnel	exceptional
explication (f)	explanation
exprimer	to express
extraordinaire	extraordinary
facile	easy
faible	weak
faisais	(I/you) used to do/make
faveur (f)	favour
fond (m)	bottom, back
fort	strong
français	French
général	general
gros (m)	big
grosse (f)	big

Module 3: Glossary

gymnase (m)	gym
heure (f)	hour, o'clock
histoire (f)	story, history
il est (+ time)	it is (+ time)
il est (difficile) de + infinitive	it is (difficult) + verb
il faut + infinitive	it is necessary + verb
imposer	to impose
informer	to inform
interdire de	to forbid, ban
inutile	useless
jeune	young
jeune (m)	young person
juste	fair, just, only
leçon (f)	lesson
lire	to read
lui-même	himself
lycée (m)	sixth form, college
maths (mpl)	maths
matière (f)	subject
même si	even if
mes (pl)	my
mettre	to put (in, on)
midi (m)	midday, lunchtime
mis	put (in, on)
moins (...que)	less (...than)
moment (m)	moment
mot (m)	word
moyen	medium, average size
musique (f)	music
ne ... aucun	no, not one, not any
ne ... ni ... ni	neither ... nor
ne ... que	only, nothing but
normal	normal
nos (pl)	our
note (f)	grade
nouveau/ nouvel (m)	new
nouveaux (mpl)	new
nul (m)	rubbish, bad
nulle (f)	rubbish, bad
obliger	to oblige, require, force
offrir	to offer
ordre (m)	order
organiser	to organise
original	original
ou	or
oublier	to forget
pantalon (m)	trousers
passionnant	exciting
pause (f)	break (time)
pendant	during
penser	to think
pied (m)	foot
plus (... que)	more (... than)
port (m)	port
porter	to wear, carry
pratique	practical
presque	nearly
principal	main, principal
prof(esseur) (m, f)	teacher
progrès (m)	progress
promettre	to promise
prononcer	to pronounce
quitter	to leave
rappeler; se rappeler de	to recall, remind; to remember
refléter	to reflect
refuser de	to refuse
règle (f)	rule, ruler
rentrée (f)	start of school year
répéter	to repeat
réponse (f)	answer
représenter	to represent
respect (m)	respect
respecter	to respect
retard (m)	delay
ri	laughed
risque (m)	risk
s'asseoir	to sit
salle (f)	room
science (f)	science
scolaire	school
se souvenir (de)	to remember
se taire	to be quiet
seconde	second, year 11 (in France)
selon	according to
sévère	severe, strict
simple	simple
son (m)	his, her, its
souvenir (m)	souvenir, memory
strict	strict

Module 3: Glossary

stylo (m)	pen
système (m)	system
technologie (f)	technology
téléphone (m)	telephone
téléphoner	to phone
terrain (m)	pitch, ground
texte (m)	text
théâtre (m)	theatre, drama
traduire	to translate
traiter	to treat
travail (m)	work
travailler	to work
trouver; se trouver	to find; to be situated
tu	kept quiet
uniforme (m)	uniform
utile	useful
utiliser	to use
veste (f)	jacket
voiture (f)	car
vouloir dire	to mean
vrai	true, correct
vraiment	really

Notes

Zone de culture Sain ou malsain?
Understanding advice in the *vous*-form imperative

1 Translate these words for food into French.

1. cheese ....
2. chocolate ....
3. rice ....
4. fish ....
5. fast food ....
6. fruit ....
7. vegetables ....
8. sugar ....
9. egg ....
10. chips ....

2 Categorise these foods and activities as good or bad for your health. Write the foods in the appropriate column.

> beaucoup de gâteaux   la natation   exercice régulier   bien dormir
> le lait   trop de chocolat   **H** les plats sucrés   **H** les boissons sucrées

Sain	Malsain

> **G**
> The *vous*-form imperative is used to give instructions or advice to more than one person or one person that you don't know well. It is the present tense of the verb without the pronoun *vous*.
> *Vous essayez le poisson.* (You try the fish.) ⟶ *Essayez le poisson!* (Try the fish!)
> *Vous faites de la natation.* (You go swimming.) ⟶ *Faites de la natation!* (Go swimming!)
> Note the following irregular form: *Vous êtes patient.* (You are patient.) ⟶ *Soyez* patient! (Be patient!)

3 Separate the words and write out the sentences.

1. mangezmoinsdefritesetdechocolat ....
2. faitesplusd'exercice ....
3. essayezunnouveausport ....
4. allezàlapiscineplussouvent ....
5. essayezdeboireplusdelait ....
6. allezaulitplustôt ....
7. passezmoinsdetempssurvotretablette ....
8. commencezunnouveauprojet ....

Module 4
Student Book pp. 82–83

4 Complete the missing parts of the French–English parallel texts.

1	Faites au .... une .... d'activité physique!	Do at least one hour of .... activity.
2	.... au moins cinq fruits tous les	Eat at least five pieces of fruit .... day.
3	Allez plus .... au centre sportif.	.... to the .... more often.
4	.... le vélo et .... un nouveau sport.	Choose .... and try a new sport.
5	H Le .... a bon goût mais c'est	The meal tastes .... but it is unhealthy.
6	H Apparemment c'est bon pour les .... – sauf le fromage!	.... it is good for vegans – .... for the cheese!

H 5 Rearrange the sentences to create a paragraph starting with sentence 4.

1 … quoique délicieux, contiennent trop de sucre, …
2 … mauvais pour la santé. Bien sûr on peut devenir …
3 … par nuit! Menez une vie active, …
4 Il faut absolument maintenir la …
5 … donc il faut les éviter. Ils sont …
6 … végans. Dormez au moins huit heures …
7 … forme. Beaucoup de plats, …
8 … végétarien ou même oser essayer les plats …
9 … adoptez un régime sain et soyez heureux!

F 6 Translate these sentences into French.

Remember you need the definite article here too.

1 It is healthy and it is perfect for vegetarians.

   ....

2 It's bad for your health.

   ....

3 Try a new sport!

   ....

4 Sleep at least eight hours every night.

   ....

5 Eat less chocolate and do more exercise!

Use the vous form of the imperative.

   ....

H 7 Translate this paragraph into English on a separate sheet.

Je sais qu'il faut éviter les plats qui contiennent trop de sucre, même s'ils sont délicieux. Il faut maintenir la forme, et manger des plats sains n'est pas suffisant. Il est aussi important de faire de l'exercice. Mes parents m'ont conseillé de faire de l'activité physique le week-end. Maintenant je vais au centre sportif avec des amis; sinon, si on n'est pas actif, ça peut être grave.

1 Bon appétit!
Using the partitive article (*du, de la, de l'* and *des*) and *en*

1 The vowels are missing from these French words for food and drink. Write the French words. Then translate the words into English.

1. P _ _ SS _ N   poisson   fish
2. V _ _ N D _
3. CH _ C _ L _ T CH _ _ D
4. C _ F _
5. P _ T _ S
6. P _ _ N
7. L _ G _ M _ S
8. _ _ _

2 Unjumble the letters to find the French food words. Then write them in the gaps to complete the sentences.

a TACCOOHL ....
b IATL ....
c SVUTEON ....
d IOFS ......soif......
e EEETCRT ....
f AEMGN ....

1. Au petit-déjeuner je bois du café si j'ai ...soif....
2. Normalement, le soir, on .... en famille à la maison.
3. Après les cours, si j'ai faim, je mange du ....
4. Je mange .... quelque chose de léger comme des œufs.
5. Si je n'ai pas de temps, je bois seulement un verre de .... au petit-déjeuner.
6. La .... de mon plat préféré est difficile; désormais c'est une baguette pour moi!

> In French the partitive article ('some') agrees with the noun that it refers to.
>
> | masculine | feminine | before a vowel | plural |
> |---|---|---|---|
> | du pain | de la viande | de l'eau | des œufs |
>
> After a negative or a quantity, just use *de* or *d'* before a vowel.
> *Je ne mange pas de légumes.*
> *Je bois beaucoup de lait.*

3 Complete each sentence using the correct partitive article from the box.

1. On mange souvent .... poisson au déjeuner chez nous.
2. Au petit-déjeuner ma mère boit .... café.
3. Je mange .... viande mais mon frère est végan.
4. Je ne mange pas .... chocolat. Je suis allergique!
5. Je bois beaucoup .... eau. C'est mieux pour la santé que le thé.
6. Je mange souvent .... œufs quand j'ai faim.

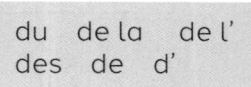

du   de la   de l'
des   de   d'

Module 4
Student Book pp. 84–85

4 Draw lines to match up the sentence halves in this conversation.

1 Qu'est-ce que tu manges
2 Au petit-déjeuner
3 Et qu'est-ce que tu manges et
4 Alors, je choisis des pâtes et des
5 Et est-ce que tu manges quelque
H 6 À la maison, je choisis souvent une assiette

a je mange du pain si j'ai le temps.
b bois à midi?
c chose après les cours?
d au petit-déjeuner?
e de fromage.
f légumes – je suis végétarienne.

H 5 Choose as many boxes as you need from the grid to translate these sentences into French on a separate sheet.

je bois	je n'aime pas	trop aigre	mon assiette	j'ai toujours	et légumes
ma mère achète	afin de	une liste et un plan	la glace à l'orange	et je remplis	je la trouve
car	une nouvelle recette	beaucoup d'eau fraîche	beaucoup de fruits	pour préparer	maintenir la forme

1 My mother buys lots of fruit and vegetables and I fill my plate!
2 In order to stay healthy I drink lots of fresh water.
3 I don't like orange ice-cream because I find it too sour.
4 To prepare a new recipe I always have a list and a plan.

F 6 Translate these sentences into English.

1 Si j'ai le temps, au petit-déjeuner je mange du pain.

2 Quand j'ai soif, je bois normalement de l'eau.

3 Hier j'ai préparé une recette britannique pour ma famille.

4 Toute la famille a adoré la recette!

5 Normalement on mange de la viande et des pâtes.

H 7 Translate this paragraph into French on a separate sheet.

Remember that the pronoun *en* can replace the partitive article and its noun.

On Saturdays I eat bread for breakfast. I also drink coffee, but I drink too much of it! We eat as a family at the weekend. Sometimes I prepare a new recipe for lunch. For example, last weekend I prepared fish with vegetables. The dish was delicious. My mother tasted the fish, and she was very happy.

2 Bien dans ma peau
Using modal verbs (*devoir, vouloir, pouvoir*)

1 Draw lines to match up the French words for feelings with their English translations.

1. heureux
2. triste
3. malade
4. sérieux
5. calme
6. inquiet
7. stressé
8. en colère

a. ill
b. calm
c. stressed
d. sad
e. angry
f. serious
g. happy
h. worried

Remember that to give the *tu* form of the imperative we drop the -s from the verb ending.

2 Complete the sentences using the words from the box.

1. Fais de la *cuisine*.
2. Parle avec ……………….
3. Écoute de la ……………….
4. Reste ……………….
5. Va au ……………….
6. Ne t'………………. pas.
7. Ne sois pas ……………….
8. Bouge un peu ou cours au ……………….!

cuisine   moi   musique
calme   lit   inquiète
triste   collège

The modal verbs **devoir** (to have to), **pouvoir** (to be able to) and **vouloir** (to want to) are usually followed by an infinitive.

devoir	pouvoir	vouloir
je dois	je peux	je veux
tu dois	tu peux	tu veux
il/elle doit	il/elle peut	il/elle veut
nous devons	nous pouvons	nous voulons
vous devez	vous pouvez	vous voulez
ils/elles doivent	ils/elles peuvent	ils/elles veulent

In a negative sentence the *ne* and *pas* go around the modal verb.
Je ne peux pas rester calme. I cannot stay calm.

3 Circle the correct form of the modal verb in these sentences.

1. Tu **doit / dois / devons** parler avec tes amis!
2. Vous **peuvent / peux / pouvez** être contente!
3. Est-ce qu'elle **veux / veut / voulez** passer du temps au collège?
4. Je **veux / voulons / veulent** devenir membre d'un club sportif.
5. Ils **peut / pouvons / peuvent** aller au lit plus tôt.
6. Elle **doivent / dois / doit** chercher de nouveaux amis en ligne.

Module 4
Student Book pp. 86–87

4 Rewrite each sentence, putting the words into the correct order.

1 dois tu pas pleurer ne
....

2 pouvez physique une faire activité vous
....

3 vidéo ils jouer des à doivent jeux
....

H 4 au lit doit elle d'aller t'empêcher tard trop
....

H 5 de réfléchir cessez trop
....

H 6 veux la du joie bonheur je avoir et de
....

H **5** Complete the paragraph using the words in the box.

espoir   bouge   souvent   santé   doit   veulent   problèmes   avenir

Je me soucie de l' .... des jeunes. L'inquiétude, la .... mentale, les pensées complexes sont .... des problèmes pour les adolescents. Parfois les jeunes .... échapper à leurs émotions. Mais on doit avoir de l' .... Voici des conseils. Parle avec les amis. Discute des .... avec un prof. Reste actif et .... un peu. Regarde soit la télé soit des films de temps en temps. On .... essayer d'exister au présent. On doit soutenir les autres sans jugement.

F **6** Translate these sentences into French.

> Think about what tense this is.

1 I am sad because I've lost my dog.
....

2 You must speak to your parents.

> Remember that after a modal verb we use the infinitive.

....

3 I am happy because I have lots of friends.
....

4 She wants to change school.
....

5 How are you today?
....

H **7** Translate this paragraph into English on a separate sheet.

> Try translating this with 'people'.

On me demande souvent: "Qu'est-ce qui ne va pas?" On a toujours l'impression que j'ai des soucis. C'est vrai. Je ne m'entends pas bien avec ma mère en ce moment et je suis souvent en colère. J'essaye de lui expliquer comment je me sens. Je sais que je dois faire de l'activité physique et bouger un peu. Mais ça ne va pas aider la situation, je pense.

3 Ça ne va pas?
F Using the perfect tense (with both *avoir* and *être*)

Module 4
Student Book pp. 88–89

1 Write the French for these body parts.

1 stomach ....
2 leg ....
3 hand ....
4 back ....
5 nose ....
6 heart ....
7 finger ....
8 arm ....
9 body ....
10 mouth ....

> To say that something hurts or is sore, we use *avoir mal à* + noun:
> à + le = au   à + les = aux
>
> | masculine noun | feminine noun | before a vowel | plural noun |
> | --- | --- | --- | --- |
> | J'ai mal **au** doigt. | J'ai mal **à la** jambe. | J'ai mal **à l'**oreille. | J'ai mal **aux** bras. |
> | I have a sore finger. | I have a sore leg. | I have a sore ear. | I have sore arms. |

G

2 Complete the sentences with *au, à la, à l'* or *aux*.

1 Je suis malade. J'ai mal .... tête.
2 J'ai mal .... jambes.
3 J'ai mal .... oreille. Est-ce que tu as des médicaments?
4 J'ai eu un accident – j'ai mal .... bras.
5 Ça va? Est-ce vous avez mal .... ventre? Voici des médicaments.
6 Ma mère a mal .... gorge et elle va voir le médecin.

3 Draw lines to match up the sentence halves.

1 Bonjour! Quel est   a de vélo.
2 J'ai mal à la tête   b pris des médicaments.
3 Hier, je suis tombée   c est allée à l'hôpital.
4 Je n'ai pas mal car j'ai   d le problème?
5 Par contre, ma mère   e main dans la cuisine.
6 Hier, elle s'est coupée à la f et j'ai froid.

4 Translate these sentences into English on a separate sheet.

1 J'ai un problème médical et je dois aller chez le médecin.
2 Je ne dois pas attendre – j'ai un rendez-vous aujourd'hui.
3 Je suis tombé de vélo et j'ai mal aux jambes.
4 J'ai eu un accident ce matin.   *Which tense is this?*
5 J'ai chaud et je n'ai pas de médicaments.   *What is the correct way of translating avoir here?*

3 Ça ne va pas?
H Using the perfect tense of reflexive verbs

Module 4
Student Book pp. 88–89

1 Complete the dialogue using words in the box.

Box: aider, quand, problème, gorge, quatorze, horreur, peau, rendez-vous

* Bonjour! Je peux vous ....?
- Oui, je voudrais prendre .... s'il vous plaît, c'est une urgence.
* Quel est le ....?
- J'ai mal à la .... et j'ai de la fièvre.
* Quelle ....!
- Exact! En plus, je ne me sens pas bien dans ma .... et j'ai peur.
* Vous voulez un rendez-vous pour ....?
- Aujourd'hui à .... heures s'il vous plaît.

2 Complete the sentences with the correct form of the verb in the perfect tense.

1 Elle .... au bras et elle a mal à la main. (se couper)
2 Ils .... et ils ont mal aux jambes. (se blesser)
3 Je .... au nez et j'ai froid. (se couper)
4 Est-ce que tu .... le bras? (se brûler)
5 Dorian .... bien ...., même s'il a mal aux pieds. (s'amuser)
6 Elles .... tôt hier matin. (se lever)

> **G** Reflexive verbs take *être* in the perfect tense.
> They agree with the subject.
> *Je me suis brûlé(e).*
> *Il/Elle/On s'est brûlé(e)(s).*
> *Nous nous sommes brûlé(e)s.*

3 Rewrite this conversation in the correct order, on a separate sheet. Start with sentence 7.

1 Quelle est l'adresse s'il vous plaît?
2 Vous voulez un rendez-vous pour quand?
3 Bonjour, je voudrais prendre rendez-vous s'il vous plaît.
4 Je me suis blessé la main. Je me suis coupé le doigt avec un couteau et il y a du sang partout.
5 Immédiatement si possible, sinon aujourd'hui s'il vous plaît. Je souffre!
6 Bien sûr. Quel est le problème?
7 <u>Bonjour! Je peux vous aider?</u>
8 D'accord, aujourd'hui à onze heures trente.
9 C'est dans la rue de la Gare, numéro 12.

4 Translate this paragraph into French on a separate sheet.

I have had an accident and I have cut my arm and I have hurt my hand. Last week I was ill but now I feel better because I have taken some medication. But I think I cannot go to school. I cannot write and I often have a headache. What's more, I am thirsty and I cannot sleep well at the moment.

- Use the perfect tense of a reflexive verb. (for "cut" and "hurt")
- This expression uses a different verb in French. (for "have a headache")
- Use the infinitive after a modal verb! (for "go")

4 Je change ma vie
F Using the near future tense

Module 4
Student Book pp. 90–91

1 Separate the words and write out the resolutions.

1. jevaismangerplusdefruits ....
2. jeveuxalleraulitplustôt ....
3. jeveuxdevenircélèbre ....
4. jeveuxjouerautennisplussouvent ....
5. jevaisresterensilencesipossible ....
6. jeveuxêtrelameilleureversiondemoi ....

> **G** We use the near future tense to say what we are 'going to do' or what we 'will do'. Use the present tense of the verb *aller* and the infinitive of the verb you want to use. In a negative sentence the *ne* and *pas* go around the part of *aller*.
> *Je vais gagner.* I am going to earn. *Je ne vais pas gagner.* I am not going to earn.
> *Tu vas choisir.* You are going to choose. *Tu ne vas pas choisir.* You are not going to choose.
> *Elle va croire.* She is going to believe. *Elle ne va pas croire.* She is not going to believe.

2 Complete the sentences in the near future tense with the correct form of *aller*.

1. Elle ne .... pas faire plus de vélo.
2. Avant de jouer au tennis, est-ce que tu .... manger quelque chose?
3. On .... manger plus de légumes.
4. Je ne .... pas aider mes parents à la maison.
5. Alors, est-ce que tu .... avoir une meilleure attitude avec ton frère?
6. Elle ne .... pas parler en même temps que moi.

3 Complete the missing parts of the French-English parallel translations.

1	Je .... aller à la piscine .... week-end si j'ai du temps.	I am going .... to the swimming pool each weekend if I have ....
2	Est-ce que tu vas .... au centre ....?	Are you .... to go to the sports centre?
3	Elle veut .... dormir alors elle .... aller au lit plus tôt.	She wants to .... better so she is going go to bed ....
4	Il ne .... pas travailler dur au ....; il n'écoute jamais les profs!	He is not going to .... hard in sixth form; he .... listens to the ....

4 Translate these sentences into French on a separate sheet.

1. You are not very patient.
2. I have an offer. I am going to help more at home and be calmer.
3. My mother is not going to eat less chocolate. — *What word comes after* moins *or* plus*?*
4. We are going to start a new activity. — *You can use* on *or* nous.
5. What are you going to do to improve your life?

68 Pearson Edexcel GCSE French © Pearson Education Limited 2025

4 Je change ma vie
Using the simple future tense

Module 4
Student Book pp. 90–91

1 Complete the paragraph using the words in the box. There are more words than gaps.

> chaque   maintenir   repas   frais   sucrées   santé   argent   réseaux   appareil

Afin d'améliorer ma .... je mangerai mieux. Je préparerai des .... avec plus de légumes .... En ce moment je mange mal – trop de choses .... Je dépenserai moins d'.................... en fastfood. Je sais que je dois .... la forme. Je passe trop de temps sur les .... sociaux. À l'avenir je ferai du vélo .... week-end. Ce qui est certain, les drogues, ce n'est pas pour moi.

To form the simple future of regular verbs we add the endings to the infinitive.
Some verbs have irregular stems but the endings are the same.
aller (to go) ⟶ j'**ir**ai (I will go)
avoir (to have) ⟶ tu **aur**as (you will have)
faire (to do) ⟶ il **fer**a (he will do)
être (to be) ⟶ elle **ser**a (she will be)

Regular
je manger**ai**
tu manger**as**
il/elle manger**a**
nous manger**ons**
vous manger**ez**
ils/elles manger**ont**

2 Rewrite the sentences in the correct order on a separate sheet.

1. nouvelle   commencerai   une   Je   activité
2. un   que   J'ai   sentiment   succès   je   grand   le   serai
3. au   meilleure   J'aurai   attitude   foyer   une
4. sérieusement   au   Je   plus   collège   travaillerai
5. Je   une   jour   visiter   pays   des   je   ferai   veux   un   liste   que
6. mes   parlerai   parents   Je   avec

3 Rewrite these sentences in the simple future tense.

1. Elle va à des cours de danse.   ....
2. Il aide ses grands-parents religieux.   ....
3. Est-ce que tu penses aux gens pauvres?   ....
4. Nous travaillons dur au collège.   ....
5. Est-ce que tu es patient avec moi?   ....
6. J'ai besoin de soutien immédiat.   ....

4 Translate this paragraph into French on a separate sheet.

I want to improve my life. I will be much more active in the future. For example, I will eat less chocolate and more fresh vegetables. I will ride my bike every day and I will go to the sports centre at the weekend. I will also help my grandmother. She is old and she cannot prepare her meals. What will you do to stay healthy?

5 Mieux vivre
F Using the imperfect, present and near future tenses

Module 4
Student Book pp. 92–93

1 Write the correct French word from the box next to each English word.

1 rights ....
2 respect ....
3 songs ....
4 work ....

5 team ....
6 racism ....
7 dance ....
8 pupils ....

les chansons
les élèves
la danse
l'équipe
les droits
le travail
le respect
le racisme

We use the imperfect tense to say what we **used to do**, the present tense to say what we **are doing now** and the near future tense to say what we **are going to do**.

imperfect tense	present tense	near future tense
je travaill**ais**	je travaill**e**	je **vais** travailler
tu travaill**ais**	tu travaill**es**	tu **vas** travailler
il/elle travaill**ait**	il/elle travaill**e**	il/elle **va** travailler

2 Draw lines to match up the sentence halves.

1 Quand j'étais jeune j'habitais
2 Quand j'habitais en France, je
3 Après le collège je travaillais dans
4 Maintenant j'ai beaucoup
5 Je lutte pour les victimes de
6 À l'avenir je vais continuer

a un hôtel.
b d'espoir pour l'avenir.
c jouais au basket.
d à aider les autres.
e au Canada.
f racisme en ligne.

3 Choose the correct verb form in the imperfect tense.

1 Quand tu étais jeune, où **habitais / habitait / habiter** -tu?
2 Ma mère **travaillais / travaillait / travailles** dans un collège.
3 Le week-end je **faisait / faire / faisais** souvent du vélo.
4 Ma sœur **jouait / jouais / jouer** au tennis dans le centre sportif.
5 Au collège j'**avait / avais / avoir** beaucoup de problèmes.
6 Quand mon père était jeune, il **lutter / luttais / luttait** contre le racisme.

4 Translate these sentences into French on a separate sheet.

1 When I was young, I used to play basketball at the sports centre.
2 My friend wasn't happy.
3 Now I am studying music at university. — Which tense is this?
4 In the future I am going to fight for animal rights.
5 What are you going to do in the future?

5 Mieux vivre
H Using the imperfect, present and future tenses

Module 4
Student Book pp. 92–93

H 1 Complete the sentences using the words in the box.

1 Elle est née en ………………………
2 Quand elle était jeune, elle habitait dans un petit ………………………
3 Sa famille était très ………………………
4 Maintenant elle lutte elle-même pour l'………………………
5 Elle écrit des articles sur la ………………………
6 On dit qu'à l'avenir elle sera ………………………

pauvre
justice
village
égalité
célèbre
Martinique

We use the imperfect tense to say what we **used to do**, the present tense to say what we **are doing now** and the future tense to say what we **are going to do**. In French we can use the near future or the simple future.

imperfect tense	present tense	near future	simple future
je travaill**ais**	je travaill**e**	je vais travailler	je travailler**ai**
tu travaill**ais**	tu travaill**es**	tu vas travailler	tu travailler**as**
il/elle travaill**ait**	il/elle travaill**e**	il/elle va travailler	il travailler**a**
nous travaill**ions**	nous travaill**ons**	nous allons travailler	nous travailler**ons**
vous travaill**iez**	vous travaill**ez**	vous allez travailler	vous travailler**ez**
ils/elles travaill**aient**	ils/elles travaill**ent**	ils/elles vont travailler	ils/elles travailler**ont**

H 2 Draw lines to match up the sentence halves.

1 Quand j'étais jeune, j'habitais   a un hôtel.
2 Quand j'habitais en banlieue à Paris, je b d'espoir pour l'avenir; je suis libéré du passé.
3 Après le collège je travaillais dans   c jouais au basket.
4 Maintenant j'ai beaucoup   d à aider les autres.
5 Je lutte pour les victimes de   e au Canada.
6 À l'avenir je continuerai   f racisme en ligne; je ne les juge pas.

H 3 Choose the correct verb form in the imperfect tense in these sentences.

1 Je travaillais dans un magasin et j'**avais / avions / avaient** ma propre chaîne sur YouTube.
2 Nous **aidait / aidions / aidaient** les jeunes qui étaient eux-mêmes victimes de violence.
3 Elles **restait / restaient / restiez** seules chez elles. Elles ne se sont pas bien intégrées au collège.
4 Au collège ils **avait / avions / avaient** des problèmes car ils étaient d'origine britannique.
5 Est-ce que vous **étiez / étais / étions** vous-mêmes victime de harcèlement?
6 Nous **jouons / jouions / jouaient** au tennis au centre sportif; c'est un bon souvenir.

H 4 Translate this paragraph into English on a separate sheet.

Quand j'étais jeune, je n'étais pas du tout content. Au contraire, je me sentais souvent en colère; je souffrais de harcèlement en ligne et je méritais mieux! Maintenant je passe du temps avec des amis. J'écris des chansons et je chante dans un groupe. À l'avenir, je travaillerai avec les victimes de harcèlement et les gens qui ont besoin d'aide. J'espère que je serai moi-même heureux.

Glossary

bold = this word will appear in Higher exams only

accident (m)	accident
adolescent (m)	teenager
adopter	to adopt
afin de	in order to
aigre	sour
allergique	allergic
alors	so, then, well
appareil (m)	device, apparatus
apparemment	apparently
assiette (f)	plate
attitude (f)	attitude
aurai	(I) will have / (I) am going to have
auras	(you) will have / (you) are going to have
avant; avant de + infinitive	before; before + verb
avoir mal à la/au/aux	to ache, hurt
avoir	to have
baguette (f)	baguette, French stick
banlieue (f)	suburb
bien sûr	of course
blesser; se blesser	to hurt, injure; to hurt oneself, injure oneself
bois / bois !	(I, you) drink / drink! (sing informal)
boisson (f)	drink
boit	(she, he, it, one) drinks / (we) drink
bon appétit!	enjoy your meal!
bonheur (f)	happiness
bouche (f)	mouth
bouger	to move
bras (m)	arm
brûler, se brûler	to burn
ça, cela	that, it
café (m)	coffee, coffee house, café
calme	quiet
célèbre	famous
cesser	to stop
chaîne (f)	channel, chain
chaud	hot
chocolat (m)	chocolate
choisir	to choose
cœur (m)	heart
colère (f)	anger
comment ça va? / ça va?	how are you?
conseil (m)	advice
conseiller	to advise
contenir	to contain
contraire	contrary
corps (m)	body
cours / cours!	(I, you) run / run! (sing informal)
couteau (m)	knife
croire	to believe
délicieux	delicious
dépenser	to spend (money)
désormais	from now on
devoir	to have to, must
dire	to say, tell
doigt (m)	finger
dois	(I, you) have to, must
doivent	(they) have to, must
dormir	to sleep
dos (m)	back
drogue (f)	drug
échapper (à); s'échapper (de)	to escape (from)
écris / écris!	(I, you) write / write! (sing informal)
écrit	(she, he, it, one) writes / (we) write
elle-même	herself
émotion (f)	emotion, feelings
empêcher de	to prevent
espoir (m)	hope
essayer; essayer de	to try; to try on (clothes)

Module 4: Glossary

eu	had / (have, has) had
éviter (de)	to avoid
exact	exact
exercice (m)	exercise
exister	to exist
expliquer	to explain
faim (f)	hunger
fastfood (m)	fast food, fast food restaurant
fera; fera de	(she, he, it, one) will do, will make / (she, he, it, one) is going to do, is going to make / (we) will do, will make / (we) are going to do, are going to make
ferai; ferai de	(I) will do, will make / (I) am going to do, am going to make
feras; feras de	(you) will do, will make / (you) are going to do, are going to make
fièvre (f)	temperature, fever
forme (f); en forme	shape; in shape, fit, healthy
foyer (m)	home
fraîche (f), frais (m)	fresh, cool
frites (fpl)	chips, fries
froid	cold
fromage (m)	cheese
fruit (m)	fruit
gagner	to win, earn
gorge (f)	throat
goût (m)	taste
grave	serious, important, grave
heureux	happy, lucky, fortunate
hier	yesterday
immédiat	immediate
immédiatement	immediately
impression (f)	impression
inquiet (m), inquiète (f)	worried, anxious
inquiéter, s'inquiéter	to worry
inquiétude (f)	worry, anxiety
intégrer, s'intégrer	to integrate, to fit in
ira	(she, he, it, one) will go / (she, he, it, one) is going to go / (we) will go / (we) are going to go
irai	(I) will go / (I) am going to go
jambe (f)	leg
joie (f)	joy
jugement (m)	judgement
juger	to judge
justice (f)	justice
lait (m)	milk
léger	light
légumes (mpl)	vegetables
libérer	to free, set free, release
liste (f)	list
lit (m)	bed
main (f)	hand
maintenant	now
maintenir	to maintain
maison (f)	house, home
mal	bad, badly
malade	ill
malsain	unhealthy
médecin (m, f)	doctor
médical	medical
médicament (m)	medicine, pill
mémoire (f)	memory
mener	to lead
mental	mental
mériter	to deserve
mieux	better
moi-même	myself
natation (f)	swimming
nez (m)	nose

Module 4: Glossary

nuit (f)	night
œuf (m)	egg
offre (f)	offer
oreille (f)	ear
origine (f)	origin
oser	to dare
pain (m)	bread
pauvre	poor
peau (f)	skin
pensée (f)	thought
petit-déjeuner (m)	breakfast
peur (f)	fear, fright
peuvent	(they) are able to, can
physique	physical
piscine (f)	swimming pool
plan (m)	map, plan, project
plat (m)	dish, course
pleurer	to cry
poisson (m)	fish
pouvons	(we) are able to, can
projet (m)	plan, project
qu'est-ce qui ne va pas?	what's wrong?
quoique	although
recette (f)	recipe
réfléchir	to think about, reflect
regarder	to watch, look
régime (m)	regime, diet
régulier	regular
religieux	religious
remplir	to fill (in, out, up)
rendez-vous (m)	appointment
riz (m)	rice
rue (f)	street
sain	healthy
sang (m)	blood
santé (f)	health
sauf	except
savoir	to know how to, can
se soucier	to show concern for
sentiment (m)	feeling
sentir; se sentir	to smell; to feel
sera	(she, he, it, one) will be / (she, he, it, one) is going to be / (we) will be / (we) are going to be
serai	(I) will be / (I) am going to be
seras	(you) will be / (you) are going to be
sérieux	serious, important
seulement	only
si	if
silence (m)	silence
sinon	otherwise
soif (f)	thirst
sois… !	be…! (sing informal)
soit	either
souci (m)	worry
souffrir	to suffer, be in pain
soutenir	to support, sustain
soutien (m)	support
soyez… !	be…! (pl, sing formal)
stressé	stressed
sucré	sweet, sugary
sucre (m)	sugar
suffisant	enough, sufficient
tablette (f)	tablet
tennis (m)	tennis
tête (f)	head
thé (m)	tea
tomber	to fall
tôt	early
triste	sad
urgence (f)	emergency
végan	vegan
végétarien	vegetarian
ventre (m)	belly, stomach
verre (m)	glass

Module 4: Glossary

French	English				French	English			
version (f)	version				vie (f)	life			
veulent	(they) want (to)				violence (f)	violence			
viande (f)	meat				voulons	(we) want (to)			
victime (m, f)	victim				**vous-mêmes**	yourselves			

Zone de Culture Voudrais-tu voyager?
Saying what you would like to do

1 Fill in the missing vowels in these infinitive verbs.

1 to meet – r_nc_ntr_r
2 to go out – s_rt_r
3 to last – d_r_r
4 to relax – s_ r_p_s_r
5 to have fun – s'_m_s_r
6 to want (to) – v__l_r
7 to switch off from – s_ c__p_r d_
H 8 to taste – g__t_r
H 9 to make the most of – pr_f_t_r d_
H 10 to discover – d_c__vr_r

2 Draw lines to match up the sentence halves.

Je voudrais voyager ...

1 ... pour apprendre
2 ... pour m'amuser
3 ... pour me faire
4 ... pour connaître
5 ... pour jouer
H 6 ... pour sortir

a de la vie quotidienne.
b une culture différente.
c une nouvelle langue.
d au foot à la plage.
e de nouveaux amis.
f avec ma famille.

> Use *pour* + infinitive to say 'in order to':
> *pour sortir de la routine* – in order to get out of/change (my) routine

> *Je voudrais* means 'I would like' and is in the conditional. Follow it with an <u>infinitive</u> such as *voyager* to say what you would like to do:
> *Je voudrais <u>voyager</u>.*   I would like to travel.

3 Rewrite each sentence, putting the words into the correct order.

1 voudrais nouveau apprendre Je un sport .

Je voudrais apprendre ....

2 être de la Je voudrais près nature .

....

3 plage . passer Je mes vacances voudrais à la

....

4 historique . Je voudrais château rester dans un

....

4 Complete the missing parts in the French-English parallel questions.

1	.... voudrais-tu voyager?	Why would you like to .... ?
2	Où voudrais-tu .... tes .... ?	.... would you like to spend your holiday?
3	Qu'est-ce que c'est?	.... is it?
4	.... qu'il y a là-bas?	What is there?
5	Qu'est-ce qu'on peut .... ?	.... can you do?

Module 5
Student Book pp. 106–107

> **H** *J'aimerais* also means 'I would like' and can be used as an alternative to *je voudrais*, followed by an infinitive.
> *J'aimerais voir le film.* I would like to see the film.
>
> Use *ce serait* with an adjective to say what something would be like.
> *Ce serait génial.* It would be great.

H 5 Complete the sentences using the verbs in the box. You will need to use some words more than once.

> a   aimerais   essayer   est   peut   serait

1 C'.............. une ville assez populaire.
2 Il y .... un grand aéroport international.
3 On .... profiter de la nature.
4 Il y .... une belle vue sur la rivière.
5 J'.............. découvrir une nouvelle culture.
6 On peut .... quelques bons restaurants.
7 La cuisine régionale .... très savoureuse.
8 Ce .... très agréable.

F 6 Translate these sentences into French.

1 I would like to spend the weekend in Paris.
....
2 I would like to travel to get to know a different culture.
....
3 There is a hotel with beautiful windows.
....
4 There is a large choice of restaurants.
....
5 Where would you like to spend your holiday?
....

H 7 Translate this paragraph into English on a separate sheet.

Je voudrais voyager pour découvrir de nouveaux pays et pour échapper à la vie normale. Pour mes vacances idéales, j'irais au Canada car il y a de belles montagnes et de très grands lacs pour faire de la natation et pour se reposer. Ce serait excellent, le paysage là-bas est beau. J'aimerais essayer divers nouveaux sports extrêmes – j'adore l'action! En plus, je voudrais essayer la nourriture canadienne; ce serait une expérience absolument géniale!

1 Des vacances de rêve
F Using the conditional of *vouloir*

1 Complete these sentences using the infinitive verbs in the box. Use each verb twice. Then translate the underlined word into English.

aller *to go*
dormir *to sleep*
visiter *to visit*
voyager *to travel*

1 Je voudrais aller au bord de la <u>mer</u>.   sea
2 Je voudrais .... une <u>île</u>.   ....
3 Je voudrais .... en <u>avion</u>.   ....
4 Je voudrais .... le <u>pont</u> historique.   ....
5 Je voudrais .... sous une <u>tente</u>.   ....
6 Je voudrais .... en <u>train</u>.   ....
7 Je voudrais .... dans un <u>hôtel</u>.   ....
8 Je voudrais .... à la <u>ferme</u>.   ....

2 Complete each sentence with the correct part of the verb *vouloir*.

1 Je .... un camping avec une piscine.
2 Il .... comprendre la langue.
3 Tu .... monter la tour Eiffel.
4 Elle .... un ciel bleu tous les jours.
5 On .... réserver une sortie en bateau privé.
6 Tu .... un nouveau passeport.

> **G** The conditional of *vouloir* is used to say what you would like.
> *je voudr**ais*** — I would like
> *tu voudr**ais*** — you would like
> *il/elle/on voudr**ait*** — he/she/we would like

3 Complete these sentences using the verbs in the box.

1 Je voudrais .... mon café à huit heures.
2 Je ne voudrais pas .... mon billet d'avion.
3 Elle voudrait .... une lettre à sa sœur.
4 Je ne voudrais pas .... la musique du festival.
5 Je voudrais .... à onze heures.
6 Il voudrait .... à son hôtel.

entendre
envoyer
me lever
ouvrir
payer
rentrer

4 Translate these sentences into English.

1 Normalement, je préfère les vacances culturelles.

....

2 Je passe trois semaines en France avec ma famille.

....

3 Je ne voudrais pas passer mes vacances sur une île.

....

4 Comment voudrais-tu voyager à Paris?

....

5 Ma mère voudrait prendre des photos de la campagne.

....

1 Des vacances de rêve
Using the conditional

Module 5
Student Book pp. 108–109

1 Complete these phrases using the nouns in the box.

> bâtiments   billets   produits   région   sable   valise   vêtements   ville

1 acheter des .... locaux
2 voir une .... multiculturelle
3 marcher autour de la ....
4 apprécier les .... historiques
5 jouer sur le .... sec
6 apporter beaucoup de ....
7 vérifier les .... d'avion
8 acheter une nouvelle ....

2 Translate these conditional tense verbs into English.

1 j'accepterais ....
2 nous payerions ....
3 elle accompagnerait ....
4 tu emporterais ....
5 vous retourneriez ....
6 le supermarché fermerait ....
7 nous reposerions ....
8 le cadeau coûterait ....
9 vous enregistreriez ....
10 ils recommanderaient ....

> **G** The conditional is used to say what you would do, e.g.
> *je voyagerais*   I would travel
>
> To form it, take the <u>future stem</u> and add the **imperfect tense endings**.
> Note: for regular -er verbs, the future tense stem is the infinitive.
>
> | je voyager**ais** |
> | tu voyager**ais** |
> | il/elle/on voyager**ait** |
> | nous voyager**ions** |
> | vous voyager**iez** |
> | ils/elles voycger**aient** |

3 Circle the deliberate grammar mistake in each sentence and then write the correct word.

1 En vacances, je ferait de la natation chaque jour. ....
2 Nous voyagerions au Paris pour l'art et les repas. ....
3 En bref, il aurait assez d'argent pour prend le vol direct.
....
4 Le café serais fermé après le film. ....
5 Pour moi, la valise serait plus lourd. ....
6 Je ferait une enquête brève sur le service à l'hôtel.
....

> **G** These verbs have irregular stems in the conditional:
> *vouloir* (to want to) → voudr-
> *faire* (to do/make) → fer-
> *avoir* (to have) → aur-
> *aller* (to go) → ir-
> *être* (to be) → ser-

4 Translate this paragraph into French on a separate sheet.

> I would love to travel to France one day. It would be my dream holiday. I would travel by plane and I would have a room in an enormous hotel close to the airport. The food would be exceptional – we would eat in the most well-known restaurants. We would also go to see the Eiffel Tower. This holiday would cost an awful lot – I would try to convince my parents to travel there.

Remember, holiday is plural in French.
Remember the word order: 'the restaurants the most known'
Use très cher.
Use là-bas.

2 On part pour la Corse
Forming different types of questions

1 Translate these nouns into French.

1. view – la v............
2. water – l'e............
3. visit – la v............
4. tourism – le t............
5. tourist – le t............
6. mountain – la m............
7. euro – l'e............
8. choice – le c............
9. coast – la c............
10. party – la f............

2 Draw lines to match up the sentence halves.

1. On peut aller à
2. Il faut faire
3. On doit descendre
4. Il vaut mieux goûter (H)
5. Il vaut mieux louer (H)
6. Il vaut la peine de pratiquer (H)

a. les plats locaux.
b. un billet pour le musée.
c. une visite en bateau.
d. la plage.
e. un sport extrême.
f. de la montagne.

> il faut + infinitive — you must
> on peut + infinitive — you can
> on doit + infinitive — you must
> (H) il vaut mieux + infinitive — it's better
> (H) il vaut la peine de + infinitive — it's worth

> To ask if something is the case, you can put *est-ce que* in front of a sentence:
> *C'est ouvert* (It's open) → **Est-ce que** *c'est ouvert?* (Is it open?)
> To ask for other types of information, use question words like:
> où — where
> combien — how much / how many
> à quelle heure — at what time
> avec qui — with whom
> quel/quelle/quels/quelles — which

3 Rewrite these sentences as *est-ce que* questions.

1. Tu as trouvé une solution. Est-ce que tu as ....
2. Elle veut manger un dessert. ....
3. Les pâtes sont locales. ....
4. Le café se trouve près de la gare. ....

4 Complete these questions using question words from the grammar box above.

1. .... tu aimes les secrets?
2. .... est ton site historique préféré?
3. Tu as vu les informations ....?
4. (H) Il y a .... d'ascenseurs à l'hôtel?
5. (H) .... as-tu trouvé ce renseignement?
6. (H) Tu préfères .... cuillère et .... fourchette?

Module 5
Student Book pp. 110–111

5 Write out these questions in the correct order.

1 le prix   où   qu'on   voit   est-ce

2 veux-tu   le gâteau   pourquoi

3 à quelle   la grève   a commencé   heure

4 étiez   la fête surprise   avec qui   vous   pour

> Remember you can also form questions by inverting the subject and the verb.

6 Translate these sentences into French.

1 I like to see the town by bike.

2 You can play football on the beach.

3 You must reserve the boat visit.

4 What time does the castle open?

5 Are animals accepted?

7 Translate this paragraph into English.

Je suis dans le sud de la France avec mes grands-parents pour mes vacances annuelles. Je ne sais pas encore ce qu'on fera demain, mais il y a beaucoup de choses à faire pour les touristes ici. Par exemple, il y a la vieille ville avec de grands bâtiments historiques. Qu'est-ce que tu ferais? Le mieux, c'est la mer: elle est très claire, idéale pour voir les poissons. C'est une ville très sûre et je ne peux pas me plaindre! Quand est-ce que tu viens ici?

3 Le monde en fête
Using the perfect and imperfect tenses together

1 Separate this out into seven nouns. Write them in both French and English.

laglacelecoûtleconcertlaplaceleplaisirlemarchélecôté

1 la glace............. ice cream.............
2 ....
3 ....
4 ....
5 ....
6 ....
7 ....

2 Rewrite each sentence, putting the words into the correct order.

1 très   le château   est   vieux   Le château est...
2 ouvert   le centre commercial   est   ....
3 le bus   lent   assez   est   ....
H 4 vraiment   la foule   est   grande   ....
H 5 est   la visite virtuelle   intéressante   ....

> **G**
> The **perfect tense** is used to talk about single actions that happened in the past.
> **Je suis allé(e)** chez mon oncle.   I went to my uncle's house.
> **Nous avons mangé** de la glace.   We ate ice cream.
>
> One of the uses of the imperfect tense is to describe what something was like:
> J'étais contente.   I was happy.
> C'était extraordinaire.   It was extraordinary.
> Il y avait beaucoup de gens. There were lots of people.

3 Which tense is each sentence in? Tick the correct column.

	perfect	imperfect
1 La fête n'était pas populaire.		
2 Je suis allé au festival de musique.		
3 Il y avait beaucoup de touristes.		
4 J'étais très contente de voir mes amis.		
5 Nous avons voyagé à la fête en train.		
6 Je n'ai pas mangé le reste des pâtes.		

> **G**
> You can use both tenses in the same sentence to say what someone was doing (**imperfect**) when something else happened (**perfect**).
> Je prenais mon petit-déjeuner quand **j'ai entendu** la musique.
> I was having my breakfast when **I heard** the music.

Module 5
Student Book pp. 34–35

4 Write the correct letter in each gap to show the English meaning of the verbs.

a she saw	c they were cycling	e they saw	g I received
b we were looking at	d I was eating	f she was dancing	h my mother complained

1 Je mangeais .... mon déjeuner quand j'ai reçu .... la lettre.

2 Elle dansait .... avec le groupe quand elle a vu .... ses parents.

H 3 Nous regardions .... le marché lorsque ma mère s'est plainte ....

H 4 Ils faisaient du vélo .... lorsqu'ils ont vu .... le bateau dans le port.

H 5 Put the first verb in the imperfect tense and the second verb in the perfect tense.

1 Il (*faire*) .... la cuisine lorsque tu lui (*donner*) .... les assiettes.

2 Le concert du groupe que j'aime (*être*) .... complet quand nous (*arriver*) ....

3 Elle (*tenir*) .... beaucoup de fruits quand elle (*tomber*) ...., ce qui était une vraie catastrophe!

4 Le festival, qui (*avoir*) .... une large foule la veille, (*attirer*) .... encore plus de gens hier.

> Relative pronouns are words like 'who', 'which' or 'that'.
> They refer to a noun and can help extend sentences.
> *Qui* is used when it's the subject of the verb.
> *Que* is used when it's the object of the verb.

F 6 Translate these sentences into English.

1 La fête s'appelle "La fête de la musique".

....

2 Je suis allé au concert avec mes parents.

....

3 Il y avait beaucoup de chanteurs.

....

4 Vous pouvez aller à la fête demain.

....

5 Est-ce que tu es allé à la fête l'année dernière?

....

H 7 Translate this paragraph into French on a separate sheet.

Last weekend, I went to a film festival in Paris. It was very multicultural and there were films from different countries. We were able to meet several actors that I already know. The festival lasted three days and the big winner was a Canadian film which is called *Au-dessus des arbres*. I would like to return to the festival next year but I think it is better to reserve the hotel now!

> Take care with word order.
> Use *pouvoir* in the perfect tense.
> Use *il vaut mieux*.

4 Guide de voyage
F Using negatives in the perfect and imperfect tenses

Student Book pp. 114–115

1 Unjumble these French words and then draw lines to match them with their English translations.

1. l'telhô — l'hôtel
2. la hambcre ....
3. le ilt ....
4. le mentairemoc ....
5. la doipére ....
6. le caingmp ....
7. la entte ....
8. le rubit ....

a comment
b bedroom
c campsite
d hotel
e period
f bed
g noise
h tent

2 Tick to show if the sentence is in the perfect (P) or imperfect (I) tense. Then, on a separate sheet, rewrite each sentence in the negative using *ne … pas*.

	P	I
1 J'ai joué au tennis à la plage.	☐	☐
2 La chambre était très grande.	☐	☐
3 Elle a bien dormi hier soir.	☐	☐
4 Le lit était confortable.	☐	☐

> **G** In the imperfect tense, **negatives** go around the verb:
> *L'hôtel **n'**était **pas** cher.* The hotel was **not** expensive.
>
> In the perfect tense, most negatives go around the part of *avoir* or *être*:
> *Je **n'ai pas** joué.* I did **not** play.
> *Je **n'ai rien** mangé.* I ate **nothing**.
>
> *Personne* goes after the past participle:
> *Je **n'ai** trouvé **personne**.* I found **no-one**.

3 Complete the missing parts in the French-English parallel sentences.

1	J'ai passé .... dans cet hôtel.	I spent three nights in this ....
2	.... n'était pas propre.	The room wasn't ....
3	Je n'ai trouvé .... à la piscine.	I found no-one at the ....
4	.... n'avons .... au restaurant.	We ate nothing in the restaurant.

4 Translate these sentences into French on a separate sheet.

1. I have never been to the campsite.
2. The hotel was unique and very quiet.
3. It is necessary to reserve a bedroom.
4. The bed was not very clean.
5. I didn't find the key this morning.

4 Guide de voyage
Using the perfect tense of modal verbs

Student Book pp. 114–115

1 Draw lines to match up these infinitive verbs and past participles.

1 savoir (*to know*)   a pu
2 vouloir (*to want*)   b prévenu
3 pleuvoir (*to rain*)   c voulu
4 devoir (*to have to*)   d dû
5 pouvoir (*to be able to*)   e plu
6 prévenir (*to warn*)   f su

2 Translate the <u>underlined</u> part of each sentence into English.

1 <u>J'ai voulu trouver</u> les toilettes. ....
2 <u>Elle a dû manger</u> dans sa chambre. ....
3 <u>Je n'ai pas pu apercevoir</u> la différence. ....
4 <u>Ils n'ont pas voulu fournir</u> l'équipement camping. ....
5 <u>Tu as pu entendre</u> les secrets avant moi. ....
6 <u>J'ai dû accueillir</u> l'équipe de foot à l'hôtel. ....

> **G**
> - *ne … aucun(e)* means 'no', 'not any' or 'not a single'
> - *ne … ni … ni …* means 'neither … nor …'
> - *ne … que* means 'only'

3 Rewrite each sentence, putting the words into the correct order.

1 plage   aucun   il   à   aura   bruit   la   n'y
....

2 ni   ni   n'ai   vu   restaurant   je   ascenseur
....

3 avait   petit   qu'un   il   n'y   lit
....

4 heures   n'avons   que   nous   dormi   trois
....

5 situe   le   ne   se   pas   de   moi   près   chez   cinéma
....

4 Translate this paragraph into English on a separate sheet.

J'ai réservé une chambre dans un hôtel dont les commentaires étaient bons. Cependant, en arrivant, on m'a parlé de façon froide, sans renseignement. Ma chambre était sombre et il y avait de vieux vêtements en dessous du lit! Le pire, c'était un objet noir et blanc, peut-être une œuvre d'art, posé sur la table – un vrai choc! Je me suis plaint mais on m'a répondu de manière sèche. Quand j'ai demandé l'addition, j'ai dû régler en espèces.

5 Vive les vacances!
Using si + the present tense

1 Complete these weather expressions using *il, il fait* or *il y a*. Then choose an English word from the box to show what the weather is like.

1. il fait .... chaud .... hot ....
2. .... du soleil ....
3. .... beau ....
4. .... mauvais ....
5. .... pleut ....
6. .... du vent ....
7. .... froid ....

```
bad     cold    good
hot     rain    sun
wind
```

2 Write the English for these cognates and near-cognates.

1. l'attention ....
2. la page ....
3. la nécessité ....
4. l'office ....
5. la condition ....
6. la réalité ....
7. l'équipement ....
H 8. le rapport ....
H 9. la rivière ....
H 10. la cité ....

> To say what you are going to do **if** something happens or is a particular way, use:
> *si* + present tense + near future tense
> **S'**il fait froid, je vais rester chez moi.   If it's cold, I am going to stay at home.
> **S'**il fait beau, elle va aller à la plage.   If it's nice, she is going to go to the beach.

3 Complete the missing verbs in these sentences about the weather.

1. S'il .... beau, je .... faire du vélo avec mon père.
2. S'il y .... du soleil, nous .... aller au parc.
3. S'il ...., elle va .... un film à la maison.
4. S'il .... mauvais, je ne vais pas .... au football.

4 Put the verbs in brackets into the correct tense.

1. Si je vais en ville, je .... (*manger*) avec toi.
2. Si elle .... (*gagner*) beaucoup, elle va partir en vacances.
3. Si vous êtes en retard, nous .... (*attendre*) devant la gare.
H 4. Si je .... (*voir*) mon frère, je vais parler à sa femme aussi.
H 5. Si l'hôtel est petit, nous .... (*visiter*) la vieille ville.

Module 5
Student Book pp. 116–117

H You can use the simple future tense instead of the near future tense in these **si** + present + future sentences. G

H 5 Write out the sentences from exercise 4 but using the simple future instead of the near future in the second part of the sentence.

1 Si je vais en ville, je mangerai avec toi.
2 ....
3 ....
4 ....
5 ....

F 6 Translate these sentences into English.

1 Pendant les vacances scolaires, je vais chez mes grands-parents.
   ....

2 Normalement, s'il fait chaud, on mange dans le jardin.
   ....

3 L'été dernier, je suis allée à Paris avec mes amis.
   ....

4 Un jour, je voudrais faire du vélo en France.
   ....

5 S'il fait beau, nous allons faire du camping.
   ....

H 7 Translate this paragraph into French.

devoir + infinitive.

Normally during the summer holidays, I stay at home because my parents have to work at the hospital. My brother and I, sometimes we go to the hospital too to help the other children and to play with them in the garden. Last December, my parents weren't working, so we went to France. It was nice weather and it did us good to spend time as a family. Next weekend, if it rains, I will go to the swimming pool, but if it's hot, I will play football on the beach.

Ça nous a fait du bien.

Use the imperfect tense of *travailler*.

Glossary

bold = this word will appear in Higher exams only

absolument	absolutely
accepter	to accept
accompagner	to accompany
accueillir	to welcome
action (f)	action
addition (f)	bill
aéroport (m)	airport
année (f)	year
annuel	annual, yearly
apercevoir	to notice
appeler; s'appeler	to call; to be called
apporter	to bring
apprécier	to appreciate
art (m)	art
ascenseur (m)	lift
attention (f)	attention
attirer	to attract
aura	(she, he, it, one) will have / (we) will have
aurais	(she, he, it, one) would have / (we) would have
aurait	(he/she/it/one) would have
autour	around
avion (m)	plane
belle (f); belle-	beautiful, handsome, nice (weather); step-
bord (m)	edge, side
bref	brief (m)
brève	brief (f)
bruit (m)	noise
campagne (f)	countryside
camping (m)	camping, campsite
catastrophe (f)	catastrophe
choc (m)	shock
choix (m)	choice
ciel (m)	sky
cité (f)	(council) estate
clair	clear, light
commentaire (m)	comment, remark
complet	full, complete
comprendre	to understand
condition (f)	condition
convaincre	to convince
côte (f)	coast
côté (m)	side
couper, se couper	to cut, switch off
coût (m)	cost
coûter	to cost
cuillère (f)	spoon
culture (f)	culture
culturel	cultural
découvrir	to discover
descendre	to go down
dessert (m)	dessert
dessous	underneath, below
dessus	on top, above
différent	different
direct	direct
divers	diverse, various
doit	(she, he, it, one) has to, must / (we) have to, must
dont	of which, whose
dû	had to / (have, has) had to
durer	to last
eau (f)	water
emporter; à emporter	to take, remove; to take away
enquête (f)	survey
enregistrer	to record
entendre; s'entendre	to hear; to get on (with)
envoyer	to send
équipement (m)	equipment

Module 5: Glossary

espèce (f)	species, type, cash
euro (m)	euro
expérience (f)	experience, experiment
extrême	extreme
façon (f)	way
faisait	(she, he, it, one) used to do, used to make / (we) used to do, used to make
fenêtre (f)	window
ferais	(I/you) would do/make
ferait	(he/she/it/one) would do/make / (we) would do/make
fermé	closed
ferme (f)	farm
fermer	to close
festival (m)	festival
fête (f)	festival, party
foule (f)	crowd
fourchette (f)	fork
fournir	to provide
gâteau (m)	cake
glace (f)	ice, ice-cream
goûter	to taste, try
grève (f)	strike
historique	historical
hôtel (m)	hotel
idéal	ideal
il fait (beau)	it is/it's (nice)
il pleut	it rains / it's raining
il vaut la peine de + infinitive	it's worth + verb
il vaut mieux + infinitive	it's better + verb
île (f)	island
informations (fpl)	news, information
international	international
irais	(I/you) would go
irait	(he/she/it/one) would go / (we) would go
là-bas	over there
large	large, wide, big
lent	slow
lever; se lever	to lift, raise; to get up
local	local
lorsque	when, while
lourd	heavy
manière (f)	manner
marcher	to walk, to function
mer (f)	sea
le mieux	the best
montagne (f)	mountain
monter	to go up
multiculturel	multicultural
nature (f)	nature
ne … pas encore	not yet
nécessaire	necessary, essential
nécessité (f)	necessity
normalement	normally, usually
nourriture (f)	food
nouvelle	new (f)
objet (m)	object
œuvre (f)	work, task
office (m)	office
ouvert	open
ouvrir	to open
page (f)	page
par	by, for, per
passeport (m)	passport
pâtes (fpl)	pasta
payer	to pay
pays (m)	country
paysage (m)	landscape
période (f)	period
peut	(she, he, it, one) is able to, can / (we) are able to, can

Module 5: Glossary

French	English			
le pire	the worst, the least well			
place (f)	room, space, square, place			
plage (f)	beach			
plaint	complained			
plaisir (m)	pleasure			
pleuvoir	to rain			
plu ; (il a) plu	(it) rained			
pont (m)	bridge			
populaire	popular			
pouvez	(you (pl, sing formal)) are able to, can			
pouvoir (m)	power			
pouvoir	to be able to, can			
prévenir	to warn			
privé	private			
prix (m)	price			
produit (m)	product			
profiter de	to make the most of			
pu	was/were able to, could			
quelque	some			
qui	who			
quotidien	daily			
rapport (m)	relationship			
réalité (f)	reality			
recommander	to recommend			
régional	regional			
régler	to settle, to pay			
rencontrer	to meet			
renseignement (m)	piece of information			
rentrer	to go back in, return			
repas (m)	meal			
réserver	to reserve			
reste (m); restes (mpl)	rest, remainder; leftovers			
retourner	to return			
rivière (f)	river			
sable (m)	sand			
savoureux	tasty			
se plaindre	to complain			
se reposer	to rest			
sec	dry (m)			
sèche	dry (f)			
secret (m)	secret			
semaine (f)	week			
serais	(I/you) would be			
serait	(he/she/it/one) would be/ (we (informal)) would be			
service (m)	service			
site (m)	site			
situer, se situer	to situate, locate			
soleil (m)	sun			
solution (f)	solution			
sombre	dark			
sortir	to go out			
sous	under			
su	knew how to, could / (have, has) known how to, (have, has) been able to			
sûr	sure, safe, certain			
surprise (f)	surprise			
tenir	to hold			
tente (f)	tent			
toilettes (fpl)	toilet(s)			
tourisme (m)	tourism			
touriste (m)	tourist			
tous	everyone, all			
train (m)	train			
unique	unique			
vacances (fpl)	holidays			
valise (f)	suitcase			
veille (f)	the night before			
vent (m)	wind			
vérifier	to check			
veut	(he/she/it/one) wants / (we) want (to)			
vieille	old (f)			

Module 5: Glossary

French	English	😐	🙂	😎
vieux	old (m)			
virtuel	virtual			
visite (f)	visit, excursion			
voit	(he/she/it/one) sees / (we) see			
vol (m)	flight, robbery			

French	English	😐	🙂	😎
vouloir	to want (to)			
voulu	wanted / (have, has) wanted			
voyager	to travel			
vue (f)	view			
week-end (m)	weekend			

Foundation translation revision

French to English

1 Write out these tangled sentences entirely in English.

1 Mes matières préférées are English and maths.

....

2 I find la musique plus fun que le théâtre.

....

3 Je n'ai never bought de fromage at the market.

....

4 In the avenir, je vais étudier les sciences at university.

....

2 Circle the incorrect word in the English translations and write what the word should be.

1 Les cours sont trop longs pour moi.   Lessons are too long for us.   ....

2 Elle va être plus active en classe.   She is going to be less active in lessons.   ....

3 Il ne faut pas arriver en retard.   He must not arrive late.   ....

4 S'il fait chaud, on joue au foot.   If it's cold, we play football.   ....

3 Fill in the missing words in the English translation.

Je m'appelle Tom, j'ai quinze ans et je suis en troisième. Au collège, je ne suis pas très travailleur, et je n'aime pas vraiment les règles. Mais les profs sont sympa, en général. Le soir, je fais beaucoup de sport. Un exemple: le mardi et le jeudi, je joue au foot pour l'équipe de mon village. Il y a deux semaines, j'ai eu un accident et je suis allé à l'hôpital – c'était nul!

My name is Tom, I'm **1** .... years old and I'm in Year **2** .... At school, I am not very **3** .... and I don't really like the **4** .... But the teachers are **5** ...., in general. In the **6** ...., I do lots of sport. An example: on **7** .... and **8** ...., I play football for my village **9** .... Two weeks **10** ...., I had an accident and I **11** .... to hospital – it **12** .... rubbish!

4 Translate these sentences into English.

1 Ma matière préférée est le théâtre. ....

2 Pour le petit-déjeuner, je mange du pain et des œufs. ....

3 Il ne faut pas utiliser son portable en classe. ....

4 Quelle était ta matière préférée l'année dernière? ....

5 L'année prochaine, je vais passer mes vacances sur une île. ....

....

Modules 1–5: Translation revision

English to French

1 Translate these phrases into French.

1 in my family ....
2 my sisters ....
3 your birthday ....
4 a big cake ....
5 I played ....
6 I am going to play ....
7 last weekend ....
8 next weekend ....

2 Translate this paragraph into French, using the French phrases in the boxes.

I get on well with my brothers. We like to play video games together, in my brother Charlie's bedroom. Sometimes we play for at least four hours.

de mon frère	ensemble,	nous jouons	à des jeux vidéo
quatre heures.	Je m'entends bien	Charlie.	pendant au moins
Nous aimons jouer	Quelquefois	avec mes frères.	dans la chambre

....
....
....
....

3 Which is the correct translation? Circle A or B.

1 We ate a big meal.
   A Nous avons mangé un grand repas. B Nous allons manger un grand repas.

2 He has sore eyes.
   A Il a mal aux yeux. B Il a mal aux oreilles.

3 My aunt goes to bed at 8pm.
   A Ma tante se lève à 8h. B Ma tante va au lit à 20h.

4 The castle was very big.
   A Le château était très grand. B Le bâtiment était très grand.

4 Translate these sentences into French.

1 In my class, there are twenty people. ....
2 At lunchtime, my brother eats vegetables. ....
3 I get on very well with my parents. ....
4 Last weekend it was my grandfather's birthday. ....
5 We went to the beach to play football. ....

Higher translation revision

French to English

1 Write out this tangled translation entirely in English.

Ma passion, c'est faire du vélo with my friends. Je sors almost every day et selon moi, it's non seulement bon for la forme, but also amusant car je can passer du temps with mes amis. However, le week-end prochain, je ferai cycling tout seul à la montagne near chez moi. I would like visiter the musée de l'histoire.

....

....

....

....

2 Circle the eight incorrect words in the English translation and write what the word should be.

> Je sais que je ne peux pas vivre sans mon portable. En moyenne, je passe quatre heures par jour à lire des articles et à partager des photos en ligne. Cependant, je comprends qu'il y a des risques, surtout pour les jeunes, par exemple le crime et le harcèlement. Au collège, les écrans sont interdits en classe; je pense que c'est une bonne idée.

> I know that I can't listen without my laptop. On average, I take four hours per week reading articles and looking at photos online. However, I understand that there are problems, especially for old people, for example crime and violence. At school, screens are allowed in class, I think it's a good idea.

....

....

....

....

3 Underline all the verbs in this passage and then translate them into English.

> Normalement, qu'est-ce que <u>tu fais</u> pour fêter ton anniversaire? Moi, je préfère rester à la maison avec ma famille. On commande du fastfood et on passe un bon moment tous ensemble. D'un autre côté, mon frère aime sortir avec ses copains pour son anniversaire. Le mois prochain, il ira au restaurant pour manger un grand repas de fête. Il y aura un grand gâteau au chocolat, je crois!

you do ....

....

....

....

....

4 Translate this paragraph into English on a separate sheet.

Je passe trop de temps sur mon portable. J'achète souvent des vêtements en ligne et je partage des photos presque tous les jours. J'ai de bonnes relations avec ma famille, cependant, le week-end dernier, je ne me suis pas très bien entendu avec mon petit frère. C'était assez difficile pour tout le monde, surtout mes parents. Ça va mieux maintenant, on ira tous à la fête du village ce soir et nous danserons toute la soirée!

Modules 1–5: Translation revision

English to French

1 Translate these phrases into French.

1 it will be ....
2 it would be ....
3 abroad ....
4 a small town ....
5 I want to visit ....
6 I don't want to go ....
7 there is/are ....
8 there isn't/aren't ....

2 Write the letters of the French phrases to translate this paragraph from English into French. There are some French phrases that you won't need to use!

In my region, there are lots of things to do. You can go to the museum in the old town, and there is even a historic bridge for history fans. I would like to go to France [or 'en avion'?] because I think it's a beautiful country.

A je voudrais voyager en France or 'un jour'?
B on peut aller au musée dans la vieille ville
C pour les fans d'histoire
D car je pense que c'est un beau pays
E dans ma région il y a beaucoup de choses à faire
F il n'y a pas de musée dans ma ville
G j'aimerais aller en France un jour
H et il y a même un pont historique

....

3 Fill in the missing verbs in the French translation.

I prefer to travel by plane because it's quicker. I know that there are sometimes problems at the airport but I watch videos not to get bored. My mother doesn't like taking the plane – she is afraid – and sometimes I have to encourage her. Next summer, I will go to Martinique with my family. We will travel by plane and the journey will last six hours, I think.

Je **1** .... en avion parce que c' **2** .... plus rapide. Je **3** .... qu'il y **4** .... quelquefois des problèmes à l'aéroport mais je **5** .... des vidéos pour ne pas m' **6** .... Ma mère n' **7** .... pas **8** .... l'avion – elle **9** .... peur – et quelquefois je dois l' **10** .... L'été prochain, j' **11** .... en Martinique avec ma famille. Nous **12** .... en avion et le voyage **13** .... six heures, je **14** ....

4 Translate this paragraph into French on a separate sheet.

I live in a small town in the South of England. It's a quiet region but there are lots of historical buildings for tourists. I don't want to spend the holidays at home – I would prefer to go abroad where it's warmer weather. The south of France would be perfect for me – I can visit the cities and also the beautiful mountains. I would also like to see the famous fruit markets.

Zone de Culture Madagascar: miroir du monde?
Practising numbers and percentages

1 Write the percentages or numbers using the word box.

> 35 11 20% 25 37% 55% 56 63% 73 90%

1 vingt pour cent ....
2 cinquante-cinq pour cent ....
3 quatre-vingt-dix pour cent ....
4 trente-sept pour cent ....
5 soixante-trois pour cent ....
6 vingt + quinze = ...
7 cinquante-cinq ÷ cinq = ...
8 quarante + seize = ...
9 quarante – quinze = ...
10 quatre-vingt-dix – dix-sept = ...

2 Crack the code to find the French words. Complete the key as you go along. Each symbol is one letter. Then match the words to their English translations.

Coded word	Decoded word	English translation
1 ♥OLLU✹IO△	....	....
2 ♥ROTE⌂✹IO△	....	....
3 OR◊A△ISA✹IO△	....	....
4 ♥O♥ULA✹IO△	....	....
5 ♥ROBLÈ●E	....	....
6 ♥LA△È✹E	....	....
H 7 ⌂HA△◊E●E△✹ ⌂LI●A✹IQUE	....	....
H 8 ES♥È⌂ES	....	....

> climate change
> organisation
> planet
> pollution
> population
> problem
> protection
> species

Code key

♥		△		⌂		✹		●		◊	

3 Complete these sentences using the words in the box.

1 Ma mère pense que la .... est un grand problème.
2 On utilise trop de .... naturelles.
3 Est-ce que tu aides à .... l'environnement?
4 Est-ce que vous utilisez de l'énergie ....?
H 5 Le plus grand problème à mon avis, c'est la ....
H 6 Arrêter la .... des forêts est important, selon moi.

> destruction
> faim
> pollution
> protéger
> ressources
> verte

When talking about one person, we use the 'he/she' ending of the verb.
When talking about more than one person, we use the 'they' ending of the verb.
une personne parl**e**   one person is talking
trois personnes parl**ent**   three people are talking

4 This table shows the number of students who agree or disagree with the statements. Correct the words in bold so that they match the data in the chart. You may need to change the verb endings.

	Number of people who agree	Number of people who disagree
La pollution est un grand problème.	/////	/
La planète est en danger.	////	//
La solution est difficile.	/	/////
La destruction des forêts est un thème important.	33%	67%
Je ne fais rien pour aider l'environnement.	17%	83%

1 **Trois personnes pensent** que la pollution n'est pas un grand problème. ....

2 **Une personne pense** que la planète est en danger. ....

3 **Cinq personnes trouvent** que la solution est difficile. ....

4 **Soixante-sept pour cent de la classe trouve** que la destruction des forêts est un thème important. ....

5 **Quatre-vingt-trois pour cent de la classe ne fait rien** pour aider l'environnement. ....

H 5 Draw lines to match up the sentence halves.

1 Une grande quantité de personnes pense que
2 Il est important de ne pas rester
3 Beaucoup de personnes pensent
4 Les gens qui ignorent les faits
5 Il est faux de croire que les petites
6 Mon frère croit que les attitudes positives peuvent

a proposent de fausses solutions.
b choses ne comptent pas.
c la protection de l'environnement est importante.
d nous conduire vers un avenir plus durable.
e qu'on est au début de la lutte.
f assis à ne rien faire quand il y a tant de problèmes.

F 6 Translate these sentences into French.

1 I think that the planet is in danger. ....

2 Three people think that the solution is difficult. ....

3 Two people find that deforestation is a problem. ....

4 Is pollution a big problem, in your opinion? ....

5 We use too much natural resource. ....

H 7 Translate this paragraph into English on a separate sheet.

De nos jours, l'état de l'environnement concerne la majorité de personnes.. Par exemple, soixante-dix pour cent des gens pensent que la planète est en danger. Parmi eux, une mincrité – environ vingt pour cent – aide dans la lutte. Des professeurs d'université font de la recherche, ayant compris la situation. Leur métier est essentiel pour inventer des solutions durables, et c'est sûr qu'ils vont les trouver.

1 Notre monde est beau

F Using comparative adjectives

Module 6
Student Book pp. 136–137

1 Draw lines to match up the French words with their English translations.

1 automne — a weather
2 saison — b region
3 temps — c spring
4 hiver — d season
5 printemps — e summer
6 région — f autumn
7 été — g fog
8 brouillard — h winter

2 Unjumble the French words to make sentences with comparative adjectives. Start with the <u>underlined</u> words. Write on a separate sheet.

1 est <u>La montagne</u> haute que plus lac la le
2 est <u>La France</u> humide que Canada le moins
3 est rapide que plus <u>Le train</u> le bus le
4 est <u>L'animal</u> rapide que moins la voiture
5 est <u>La forêt</u> grande que plus village le
6 est <u>La maison</u> moderne que plus appartement l'

> **G** Use comparative adjectives to compare things.
> **plus** + adjective + **que**
>   more + adjective + than
> **moins** + adjective + **que**
>   less + adjective + than
> The adjective must agree in gender and number with the first noun in the sentence.

3 Complete the sentences using the words in the box.

> animaux   Asie   généralement   hautes   importante   population

1 La population de la France est plus grande que la .... de la Martinique; c'est un fait.
2 Par contre, les .... sont plus grands en Martinique.
3 À Madagascar la majorité des montagnes sont moins .... que les montagnes en France.
4 Le temps au Canada est .... plus froid qu'en France.
5 Le monde est très divers. Il fait plus chaud en .... qu'au Canada.
6 Notre planète est en danger; la pollution est plus .... que le traitement des animaux, à mon avis.

4 Translate these sentences into English on a separate sheet.

1 Voici une photo de mes vacances en Algérie.
2 En hiver il fait très chaud, plus chaud qu'ici, par exemple.
3 Il y a un grand nombre de villages là-bas.
4 Au printemps il fait mauvais et il pleut beaucoup!
5 Il y a de hautes montagnes mais moins hautes qu'au Canada.

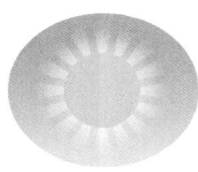

1 Notre monde est beau
H Using comparatives and superlatives

Module 6
Student Book pp. 136–137

H 1 Complete the sentences using the nouns in the box.

animaux
brouillard
chaud
forêt
pays
tiers

1 On dit que cette .... est la meilleure du monde.
2 Dans l'est du .... il y a une couverture complète de neige, plus de 2 mètres!
3 Le pays est bien connu pour les ...., les fleurs et les rivières profondes.
4 Il y a souvent du .... et il neige, particulièrement dans le nord.
5 Septembre est le mois le plus ....; il y a tellement de gens dans le parc.
6 Le pays est vaste; la moitié est pleine de montagnes et un .... est plein de lacs.

H 2 Circle the correct form of the adjective to complete each of these sentences.

1 La ville est moins **beau / belle / beaux** que le village.
2 Le restaurant est moins **chère / chers / cher** que le café.
3 Les arbres sont les plus **hauts / haute / hautes** de la forêt.
4 Les maisons sont les plus **anciens / ancienne / anciennes**.

> **G**
> The comparative is used to compare things.
> *L'animal est plus grand que …*
> *La montagne est moins haute que …*
>
> The superlative is used to say something is 'the most' or 'the least'; for example, the biggest, the smallest.
> *Les problèmes les moins importants*
> *La plus grande forêt*
>
> Comparative and superlatives must agree in gender and number.

H 3 Rewrite these sentences on a separate sheet, changing the underlined adjectives into comparative or superlative. Where there is +, use the French for more or most; where there is −, use the French for less or least.

1 La montagne est <u>haute</u> que le lac. (+ *comparative*) La montagne est plus haute que le lac.
2 Le temps est <u>humide</u> de la région. (− *superlative*)
3 Le train est <u>propre</u> que le bus. (− *comparative*)
4 La solution est <u>efficace</u> de toutes. (− *superlative*)
5 Le film est <u>intéressant</u> que le livre. (+ *comparative*)
6 La maison est <u>grande</u> du monde. (+ *superlative*)
7 Le chien n'est pas <u>rapide</u> de tous les animaux. (+ *superlative*)
8 La planète est <u>vaste</u> de toutes. (+ *superlative*)

H 4 Translate this paragraph into French on a separate sheet.

> Remember some adjectives come before the noun.

I was born in Canada where there are big forests, long rivers and deep lakes. In winter it is very cold and there is a blanket of snow. In summer it is hotter than in spring; the weather is often humid. You can see animals in the park; including some dangerous species. I think that Canada is the most interesting country in the world!

> Use a superlative adjective.
> What gender is spring?

2 Planète en danger
F Talking about the future weather

Module 6
Student Book pp. 137–138

1 Fill in the missing vowels and then match the words to the English translations.

1 L_ D_STR_CT__N D_S F_R_TS ....
2 L_ R_CYCL_G_ ....
3 L_ P_LL_T__N D_ L'__R ....
4 L'_NV_R_NN_M_NT ....
5 L_ TR_NSP_RT _L_CTR_Q__ ....
6 L_ PR_T_CT__N D_ L_ PL_N_ T_ ....
7 L_ M_ND_ N_T_R_L ....
8 P_SS__N P__R L_ F_T_R ....

the destruction of the forests   the environment   electric transport   the natural world
passion for the future   the protection of the planet   recycling

2 Separate out these words into sentences about the weather.

1 Ilvafairemauvais. ....
2 Ilyauradusoleiletaussiduvent. ....
3 Ceweek-endilvafairefroid. ....
4 Danslefuturilyauraduvent. ....
5 Queltempsva-t-ilfaire? ....

> **G** To talk about the weather in the future use the following structures:
> Il fait beau. → Il va faire beau. (This is the near future tense.)
> Il y a du vent. → Il y aura du vent. (This is il y a in the future.)

3 Rearrange the sentences to create a paragraph starting with sentence 5.

1 du temps global. Le résultat est que dans le ....
2 terrible. La destruction des forêts et la ....
3 faire très chaud! Il faut lutter ....
4 pollution de l'air causent un changement ....
5 <u>On est dans une situation</u> ....
6 effets et il faut protéger la planète. ....
7 futur il y aura trop de vent et il va ....
8 contre ces problèmes et les ....

4 Translate these sentences into French on a separate sheet.

1 This weekend the weather is going to be bad and it will be windy.
2 I think that air pollution is terrible.
3 The planet is in danger and we must protect the environment.
4 Recycling is a possible solution.
5 In the future it is going to be a lot hotter.

> In French bad weather is 'mauvais'; think about the sentence structure.
> Use il faut.
> You will need the definite article.

2 Planète en danger
H Understanding the present tense of the passive voice

Module 6
Student Book pp. 138–139

H 1 Complete these phrases, using the infinitives in the box. There are more infinitives than gaps.

> augmenter disparaître réduire recycler remplacer résoudre surveiller limiter lutter

1 .... la circulation (*reduce traffic*)

2 .... les conflits mondiaux (*resolve global conflict*)

3 .... le nombre de véhicules électriques (*increase the number of electric vehicles*)

4 .... la consommation de produits plastiques (*limit the consumption of plastic products*)

5 .... contre les effets du changement climatique, les inondations par exemple (*fight the effects of climate change, flooding for example*)

6 .... le plastique par des produits plus durables (*replace plastic with more durable products*)

7 .... la situation actuelle parce que c'est inquiétant (*keep an eye on the situation because it is worrying*)

8 .... plus et utiliser moins d'énergie (*recycle more and use less energy*)

> The present tense of the passive voice is used to talk about things that **are done**. Use the present tense of *être* followed by a past participle. The past participle agrees with the noun.
> *La* planète est menac**ée** par le changement climatique.
> *Les* humains sont touché**s** par le niveau de circulation.
>
> **G**

H 2 Complete the missing parts of the French-English parallel sentences.

1	Actuellement, l'air est .... par les émissions des	........................, the air is affected by vehicle ....
2	La .... d'énergie doit être .... pour protéger la Terre.	Energy consumption should be reduced to .... the ....
3	Les .... naturelles sont .... par des lois.	.... resources are protected by ....
4	Des lois qui aident la .... contre ces menaces peuvent être .... par les gouvernements.	.... that aid the fight against these threats can be introduced by ....

H 3 Complete these sentences using the past participles of the verbs in brackets. Remember that the past participle must agree with the subject.

1 La pollution est .... par les émissions des véhicules. (*causer*)

2 Les ressources naturelles sont .... par des lois. (*protéger*)

3 Les animaux sont .... par la destruction des forêts. (*menacer*)

4 Les déchets sont .... dans les rivières. (*jeter*)

H 4 Translate this paragraph into English on a separate sheet.

Actuellement, la planète est touchée par la pollution et les animaux sont menacés. Les signes sont déjà là. On court vers un catastrophe. Il y aura des inondations et il fera plus chaud à cause du changement climatique. Pour aider, il est important de réduire la consommation d'énergie et de recycler les déchets. Les ressources naturelles doivent être protégées. Ensemble, nous pouvons agir pour sauver notre monde.

3 Des grands gestes
F Using the present and perfect tenses

Module 6
Student Book pp. 140–141

1 Use the English text and the verbs in the box to complete these sentences. There are more verbs than gaps.

1. Il faut .... ensemble. We must work together.
2. Il faut .... le changement climatique. We must stop climate change.
3. Il faut .... la nature. We must respect nature.
4. Il faut .... aux projets verts. We must participate in green projects.
5. Il faut .... contre la pollution. We must fight against pollution.
6. Il faut .... au sujet de la nature. We must write about the subject of nature.

> arrêter   croire   écrire
> lutter   participer
> respecter   travailler

The perfect tense has two parts: the auxiliary verb (part of *avoir* or *être*) and the past participle.

	present	perfect
regular -*er* verbs, e.g. *pratiquer* (to practise)	je pratique	j'ai pratiqu**é**
écrire (to write)	j'écris	j'ai écrit
être (to be)	je suis	j'ai été
aller (to go)	je vais	je suis allé(e)

2 Are these sentences in the present or perfect tense? Write Pr or P.

1. Je participe souvent à des projets verts qui aident toute la société. ....
2. Ma mère a arrêté d'acheter du plastique. ....
3. On fait des recherches sur l'énergie verte. ....
4. Je suis allée à une présentation sur les actions pour protéger l'environnement. ....
5. J'ai rencontré des personnes intéressantes et on a parlé de leurs projects. ....

3 Spot the mistake in the perfect tense. Correct the error in the underlined words.

1. <u>J'ai participer</u> à un mouvement qui protège les forêts. ....
2. <u>Il ai trouvé</u> un moyen d'arrêter la moitié des accidents dans les rues. ....
3. <u>J'ai allé</u> au Canada pour protéger les lacs. ....
4. Est-ce que <u>tu a organisé</u> un événement? ....
5. <u>Elle a écrire</u> une lettre au sujet de l'environnement. ....
6. Mon père <u>avoir arrêté</u> d'aller en ville en voiture. ....

4 Translate these sentences into English on a separate sheet.

1. Je crois qu'il faut lutter contre la destruction des forêts et contre la pollution.
2. Les organisations vertes sont aussi importantes que le recyclage.
3. J'ai rencontré de nouveaux amis à une présentation au sujet de l'environnement.
4. Il faut répondre à cette crise; ce n'est pas impossible!
5. Je suis allée en Martinique pour participer à un projet vert.

3 Des grands gestes
Using the *nous*-form imperative

Module 6
Student Book pp. 140–141

1 Complete the sentences using the words in the box.

actions   des animaux   climatique   durables   l'énergie   l'environnement   monde   planète

1 Il faut combattre la crise climatique avec des solutions ....
2 Il faut créer des actes qui encouragent la protection du ....
3 Il faut défendre la vérité sur les conséquences du changement ....
4 Il faut développer des moyens renouvelables de produire de ....
5 Il faut encourager les recherches sur les effets de la pollution sur la ....
6 Il faut voter pour un gouvernement qui protège ....
7 Il faut participer à des manifestations et défendre les droits ....
8 Il faut réduire l'écart entre les promesses et les ....

> The *nous*-form imperative is translated as 'let's' in English.
> *Travaillons!*   Let's work!
> *Manifestons!*   Let's demonstrate!
> *Faisons!*   Let's make / do!
> It is formed using the nous form of the verb in the present tense.
> The verb *être* is irregular: *soyons!* Let's be!

2 Complete these sentences using the *nous*-form imperative of the verb in brackets.

1 .... à la lutte pour l'environnement. (*contribuer*)
2 .... pour la protection de la planète. (*manifester*)
3 .... aux besoins de l'économie en même temps si on peut. (*répondre*)
4 .... des solutions durables pour les générations du futur. (*inventer*)
5 .... les ressources naturelles dès maintenant. (*protéger*)
6 .... la qualité de l'air pour améliorer notre santé. (*surveiller*)

3 Complete this paragraph using the *nous*-form imperative of the verbs in the box. There are more verbs than gaps.

courir   faire   fonctionner   inventer   participer   réduire   travailler

1 .... quelque chose maintenant pour ne pas détruire notre environnement.
2 .... des solutions pour produire de l'énergie verte. 3 .... avec les organisations qui protègent la nature. 4 .... notre consommation! Le présent est le moment de créer un mouvement pour protéger la planète. L'unité est importante.
5 .... à des projets qui aident notre Terre.

4 Translate this paragraph into French.

Use il faut.   *Use the nous-form imperative.*

To protect the environment, we must work together. Let's use less energy and recycle plastic! We need to find sustainable solutions, for example green energy. My friend, Luc, has always been interested in the natural world. He organised a protest to protect the planet. He stayed standing outside the town hall for a whole day. Nothing stops Luc – for him, everything is possible!

4 Des petits gestes
Using the imperfect tense

1 Complete the sentences using the nouns in the box.

1 Je prends les .... en commun.
2 Je ne mange pas de ....
3 Je recycle les ....
4 Je n'utilise pas de .... en plastique.
5 Je vais en ville à vélo et non pas en ....
6 J'achète du .... recyclé.

boîtes
papier
sacs
transports
viande
voiture

2 Draw lines to match up the sentence halves.

1 Je vais au collège à
2 J'achète des fruits et
H 3 Je protège l'environnement en réutilisant
H 4 Je fais ce que je peux en séparant
H 5 J'aide l'environnement
H 6 Je pose la question: comment

a légumes au marché.
b le papier et les bouteilles.
c peut-on sauver les animaux?
d pied; conduire c'est pire.
e les sacs en plastique.
f en étant végétarien.

> Use *en* + the present participle to say 'by' doing something. Use the *nous* part of the present tense, remove *-ons* and add *-ant*.

G The imperfect tense is used to talk about what happened in the past over a period of time (what used to happen). Remove the *-ons* from the *nous* form of the verb in the present tense and add the following endings:
sauver (to save) (stem *sauv-*)

je sauv**ais**	nous sauv**ions**
tu sauv**ais**	vous sauv**iez**
il/elle/on sauv**ait**	ils/elles sauv**aient**

The verb *être* has the stem *ét-*, for example *c'était* (it was).

3 Unjumble the words to make sentences.

1 pas ne viande. mangeais de je végétarien. j'étais

....

2 j'étais au quand collège à j'allais vélo. jeune

....

3 recyclé. mère achetait du ma papier

....

4 les que en recyclais est-ce plastique? tu sacs

....

5 trop dans il y avait la pollution ville. de

....

Module 6
Student Book pp. 142–143

4 Complete these sentences, putting the verbs in brackets into the imperfect tense.

1 Au collège je ne .... *(recycler)* pas le papier.

2 Ma mère .... *(acheter)* des légumes mais pas de viande.

3 Elle sait qu'elle ne .... *(faire)* pas assez pour sauver la planète.

H 4 Quand j'étais jeune, nous .... *(aller)* en vacances en train; voler c'est pire pour l'environnement.

H 5 Mes frères .... *(participer)* à des manifestations encore plus que moi, sans doute.

H 5 Circle the correct form of the imperfect tense to complete the sentences.

1 Quand j'étais jeune, j'**avait / avais / avions** honte de ne pas recycler, alors maintenant je recycle toujours le plastique et le papier.

2 Cependant, vous n'utilisiez pas de lunettes de soleil en plastique, vous **préférais / préfériez / préféraient** les lunettes durables.

3 Nous n'**allions / allais / allaient** jamais au travail en voiture; nous prenions les transports en commun pour réduire la pollution.

4 Mon thème préféré était la qualité de l'air et je **participait / participais / participions** à des manifestations contre la pollution.

5 Ils **laissais / laissions / laissaient** souvent de l'information sur le recyclage dans les lieux publics.

6 Je **croyait / croyais / croyaient** que chaque petite chose peut nuire à la situation mondiale.

F 6 Translate these sentences into French.

1 To protect the environment, I use public transport.

....

2 When I was young, I didn't use to recycle paper.

(Some sentences are in the imperfect tense.)

....

3 My mother used to buy recycled paper.

....

4 I go to town by bike; driving is worse for the environment.

(Use the infinitive)

....

5 What do you do to help the situation?

....

H 7 Translate this paragraph into English on a separate sheet.

Ce qui concerne l'environnement nous concerne tous. Quand j'étais jeune, je pensais souvent à mes actions en réfléchissant à l'environnement et en faisant beaucoup de choses utiles. Nous recyclions les bouteilles en plastique chaque semaine, en croyant que c'était bien pour la situation mondiale. Mon frère avait un don pour introduire des idées pour protéger l'environnement. Nous recyclions le papier chaque semaine parce que ça réduit le poids des déchets.

5 Innovation verte
F Using the present, perfect, imperfect and near future tenses

Module 6
Student Book pp. 144–145

1 Write the English translations using words from the box.

> research   pollution   future   solution   problem   recycling   project   possibility

1 pollution ....
2 recyclage ....
3 solution ....
4 problème ....
5 futur ....
6 possibilité ....
7 projet ....
8 recherche ....

Tense	Used to say …	Example
present	what is happening now and what we usually do	Il joue au football.
perfect	single completed action in the past	Il est allé en ville.
imperfect	what something used to be like, what we used to do	Elle ne recyclait rien.
near future	what is going to happen in the future	Je vais prendre le train.

2 Are the underlined verbs in the present, perfect, imperfect or near future tense?

1 J'<u>ai écrit</u> une lettre au sujet de l'environnement ....
2 Il ne <u>participait</u> pas aux projets verts – c'était une véritable tragédie! ....
3 J'<u>organise</u> un événement pour discuter de la crise; est-ce que <u>tu es</u> libre? ....
4 Mon père <u>va aller</u> en ville en voiture car il arrive plus vite. Il a tort! ....

3 Unjumble the words to make sentences. Use the tense to help.

1 Present: la · lutte · animaux · protection · des · je · pour
   Je ....

2 Near-future: au · l'environnement · une · vais · lettre · je · sujet · de · écrire
   Je ....

3 Perfect: participé · a · un · à · qui · elle · protège · les · mouvement · lacs
   Elle ....

4 Present: projets · participe · été · il · en · à · des · verts
   En été ....

5 Imperfect: ne · viande · collège · ma · au · mangeait · de · sœur · pas
   Au collège ....

4 Translate these sentences into English on a separate sheet.

1 Je vais organiser un projet vert pour protéger la planète.
2 Je suis allée à une présentation sur les actions pour protéger l'environnement.
3 Au collège mon père ne recyclait rien; sa femme, par contre, recyclait tout!
4 Je ne mange jamais de viande; c'est mieux pour l'environnement.
5 Qu'est-ce que tu vas faire dans le futur?

5 Innovation verte

H Using *être en train de* and *venir de*

Module 6
Student Book pp. 144–145

H 1 Complete the sentences using the words in the box.

1 Il y a .... de nouvelles technologies qui peuvent aider dans le futur.
2 Le .... de recyclage a augmenté grâce à des campagnes.
3 Il est important de maintenir un bon .... en participant à des actions.
4 Nous devons .... utiliser des produits qui ne sont pas en plastique.
5 Le recyclage est un aspect .... de la protection de l'environnement.
6 Malheureusement, la .... des gens comprend l'importance de réduire les déchets plastiques.

majeur
minorité
moral
plutôt
tant
taux

> To say what you are in the middle of doing use the present tense of *être en train de* plus an infinitive.
> *Je suis en train de développer les énergies vertes.* I am in the middle of developing green energies.
>
> To say what you have just done use the present tense of *venir de* plus an infinitive.
> *Je viens de signer l'accord.* I have just signed the agreement.

H 2 Write sentences using *être en train de* and *venir de* and the words in the grey lozenge. Use the example to help.

1 (participer à une manifestation) (she / has just)

   Elle vient de participer à une manifestation.

2 (rechercher les nouvelles technologies) (we / in the middle of)

   ....

3 (développer les technologies vertes) (I / in the middle of)

   ....

4 (participer à une manifestation contre la pollution) (they / have just)

   ....

5 (inventer de nouveaux transports verts) (he / in the middle of)

   ....

H 3 Complete this paragraph using the words and phrases in the box.

| améliorer | durables | en train de | inventer | meilleur | plastique | rechercher | réduire |

Adopter des pratiques **1** .... est la clé pour un **2** .... avenir. Par exemple, nous devons **3** .... notre consommation de **4** .... pour aider la planète. On est en train de **5** .... des solutions pour **6** .... les transports en commun. Les entreprises sont **7** .... développer des produits qui sont mieux pour l'environnement. Elles viennent d'**8** .... une nouvelle voiture verte!

H 4 Translate this paragraph into French on a separate sheet.

In my opinion we need to organise protests against pollution. We are in the middle of developing new technologies to improve green transport. I know that they have just researched new technologies for cars, for example. There are so many ideas that can help us in the future. We must not be too cautious. Let's work together to save the planet.

Glossary

bold = this word will appear in Higher exams only

accord (m)	agreement
acte (m)	act, gesture
actuel	current, present
agir	to act
air (m)	air
animal (m)	animal, pet
animaux (mpl)	animals, pets
arrêter	to stop, arrest
aspect (m)	aspect
assis	sitting, seated
augmenter	to increase
aussi … que	as… as
ayant	having
boîte (f)	box, tin
bouteille (f)	bottle
brouillard (m); il y a du brouillard	fog; it's foggy
cause (f)	cause
causer	to cause
changement (m)	change
circulation (f)	traffic
climatique	climate
combattre	to fight
commun	common
complète (f)	full, complete
concerner	to concern, be relevant to
conduire	to drive, lead
conflit (m)	conflict
conséquence (f)	consequence
consommation (f)	consumption
contre; par contre	against; however
contribuer	to contribute
court	(she, he, it, one) runs / (we) run
couverture (f)	blanket
créer	to create
crise (f)	crisis
crois / crois !	(I, you) believe
croit	(she, he, it, one) believes
danger (m)	danger
debout	standing
déchets (mpl)	waste, rubbish
défendre; défendre de	to defend; to forbid, ban
dès	as soon as
destruction (f)	destruction
détruire	to destroy
développer	to develop
disparaître	to disappear
don (m)	gift, talent, donation
doute (m)	doubt
durable	durable, sustainable
écart (m)	gap
économie (f)	economy
effet (m)	effect
efficace	efficient
électrique	electric
encore	again, still, yet
encourager	to encourage
énergie (f)	energy
ensemble	together
environnement (m)	environment
étant	being
été	was / (have, has) been
être en train de + infinitive	(to) be in the middle of + verb
eux; (à) eux	(to) them (m, mixed gender) (emph)
faisant; faisant de	doing, making, going (on/for) + noun; doing + -ing, going + -ing, playing + noun
fait (m)	fact

Module 6: Glossary

fausse (f)	false
faux (m)	false
fleur (f)	flower
fonctionner	to function, work
forêt (f)	forest
futur (m)	future
génération (f)	generation
global	global
gouvernement (m)	government
haut	high, tall
honte (f)	shame
humain	human
humide	wet, humid, moist
ici	here
il neige	it snows / it's snowing
il y a; il y avait; il y aura	there is, there are, ago; there was, there were, there used to be; there is going to be, there will be
impossible	impossible
inclus	included
inondation (f)	flood
inquiétant	worrying
introduire	to introduce
inventer	to invent
jeter	to throw away/out
là	there
lac (m)	lake
laisser	to let, leave behind
les	them (m, f) (obj)
leur (m, f)	their
leurs (pl)	their
libre	free, available
lieu (m)	place
limiter	to limit
lui (m, f) / (à) lui	to/for him, to/for her, to/for it (indirect obj) / (to) him, (to) her, (to) it (m, f) (emph)
lunettes (fpl)	glasses
lutte (f)	fight
lutter	to struggle, fight, battle
majeur	major, main
majorité (f)	majority
manifestation (f)	protest, demonstration
manifester	to protest, show
mauvais	bad
menace (f)	threat
menacer	to threaten
métier (m)	job
mètre (m)	metre
minorité (f)	minority
moitié (f)	half
monde (m)	world
mondial	global, world
moral	moral
mouvement (m)	movement
moyen (m)	means, way
naturel	natural
né	born
ne ... rien	not anything, nothing
neige (f)	snow
niveau (m)	level
nombre (m)	number
nuire (à)	to harm
organisation (f)	organisation
papier (m)	paper
participer (à)	to participate, take part (in)
particulièrement	particularly
passion (f)	passion

Module 6: Glossary

personne (f)	people, person, nobody
pire	worse, worst
planète (f)	planet
plastique (m)	plastic
plutôt	rather
poids (m)	weight
pollution (f)	pollution
population (f)	population
poser	to ask, pose (a question)
pratiquer	to practise
présent (m)	present
présentation (f)	presentation
problème (m)	problem, issue
produire	to produce
profond	deep, profound
protection (f)	protection
protéger	to protect
prudent	prudent, careful, cautious
qualité (f)	quality
quantité (f)	quantity
que	who, whom, which, what
rapide	fast, quick
recherche (f)	research
rechercher	to look for, search, collect
recyclage (m)	recycling
recycler	to recycle
réduire	to reduce
région (f)	region
remplacer	to replace, swap
renouvelable	renewable
répondre (à)	to answer, reply (to)
résoudre	to solve, resolve
ressource (f)	resource
résultat (m)	result
réutiliser	to reuse
sa (f)	his, her, its, your
sac (m)	bag, sack
saison (f)	season
sait	(she, he, it, one) knows (how to), can / (we) know (how to), can
sauver	to save, rescue
séparer; se séparer	to separate
signe (m)	sign
signer	to sign
situation (f)	situation
société (f)	society
sujet (m)	subject, topic
surveiller	to watch, keep an eye on
tant	so much, so many
taux (m)	rate
tellement	so much
temps (m)	time, weather, climate
terre (f)	earth, ground
terrible	terrible
thème (m)	theme, topic
tiers (m)	third
tort (m)	wrong, incorrect
toucher	to touch, affect
tragédie (f)	drama
traitement (m)	treatment
transport(s) (m)	(public) transport, transportation
unité (f)	unity
vaste	huge, enormous, vast
véhicule (m)	vehicle
venir de + infinitive	(to) have just + past participle
vérité (f)	truth
vers	towards
vite	quickly, fast
voici	here (is/are/you go)
voler	to steal, fly
voter	to vote

Notes

Zone de Culture À louer, à vendre
Using demonstrative adjectives (*ce, cet, cette, ces*)

1 Write the French words in the crossword.

Across
1. garden
3. key
H 5. room
6. kitchen
7. appartment
9. entrance
10. wall

Down
H 2. access
H 4. lift
5. door
6. bedroom
8. table

2 Circle the correct word to complete each sentence.
1. Il est certain que mon appartement est très **beau / notre**.
2. Je vais **porter / boire** des chaussures à la fête.
3. Le quartier était assez **moderne / récemment**.
H 4. D'habitude on va aux magasins **après / déjà** l'école.
H 5. Je voudrais **construire / plaire** de nouveaux immeubles.
H 6. Il y avait **exactement / de nombreux** villages partout.

> The demonstrative adjective 'this' varies in French according to gender.
> masculine singular   *ce*   →   *ce chapeau*   this hat
> feminine singular   *cette* → *cette robe*   this dress
> plural   *ces* →   *ces baskets* these trainers
> Before a masculine noun that starts with a vowel or a mute 'h', you use **cet**.

3 Write the correct form of *ce/cet/cette/ces* for each of these nouns.

1. .... parc
2. .... pharmacie
3. .... adresse
4. .... tableau
5. .... endroit
6. .... escalier
7. .... villes
8. .... couleur
9. .... hôpital

Module 7
Student Book pp. 112–113

4 Complete the missing parts of these French-English parallel sentences.

1	Tu vas .... ce pantalon?	Are you going to buy .... ?
2	Ensuite nous allons à .... pâtisserie?	Then are we .... to this ....?
3	Cette question .... longue.	.... question is a bit ....
H 4	.... connais parfaitement .... paroles.	I .... these lyrics perfectly.
H 5	Mon père .... dans .... bibliothèque.	.... used to work in this ....
H 6	.... est-ce que tu n'aimes pas ces arbres?	Why don't you .... these ....?

H 5 Circle the deliberate grammar mistake in each sentence and write out the correct word.

1 Est-ce que tu mets cet chemise? ....

2 Cette nouveau maison est près du commissariat. ....

3 Il y est un manque de transports en commun. ....

4 Ces roman n'est pas du tout intéressant. ....

5 Je ne veut pas participer à ce concours. ....

F 6 Translate these sentences into English.

1 Je pense que je vais acheter cette jupe.

....

2 Je n'ai pas assez d'argent sur moi.

....

3 Il n'y a pas de cuisine dans cet appartement.

....

4 Qu'est-ce que tu vas porter à la fête?

....

5 Il y avait un petit jardin derrière la maison.

....

H 7 Translate this paragraph into French.

What do you think of the house? There is access for disabled people, however, unfortunately there isn't a garden outside. This house is not too expensive. The neighbours are very nice, and there is an underground station just next door. I would like to show you this house – it's really surprising.

Use *à côté*.

....

....

....

....

1 Là où j'habite
F Using indefinite adjectives *chaque, tous, tout(e)(s)*

Module 7
Student Book pp. 114–115

1 Draw lines to match up the French phrases with their English translations.

1	j'habite	a	I would like
2	à la campagne	b	to go food shopping
3	faire les courses	c	in a town
4	dans une ville	d	in the countryside
5	tout le temps	e	I live
6	le sud	f	old buildings
7	je voudrais	g	the south
8	de vieux bâtiments	h	all the time

> Indefinite adjectives talk about people or things in a general way, without being specific:
> *chaque* — each, every
> *tout/toute/tous/toutes* — all, the whole, every
> They need to agree with the nouns in number and gender, just like all adjectives.

2 Complete these sentences by adding *tout, toute, tous* or *toutes*.

1 Je pense que .... les supermarchés sont fermés le dimanche.
2 .... ma famille aime habiter à Paris.
3 .... les possibilités sont intéressantes.
4 En général, elle passe .... la journée à la plage.
5 Je sors avec mon fauteuil roulant .... le temps.
6 Je voudrais voir .... les beaux musées en France.

> There are different ways to say 'in':
> *dans* + point of compass
> *à* + <u>name</u> of town/village
> *en* + feminine country
> *au* + masculine country
>
> *dans* l'ouest
> *à* Paris
> *en* France
> *au* Canada

3 Write out these sentences in the correct order.

1 le vieux | Toute | connaît | ma famille | port.
....
2 tous | est | agréable | Mon père | les jours.
....
3 sont | les poches | assez | Toutes | petites.
....
4 influenceur. | Tout | veut | le monde | être | au Canada
....
5 les courses | Je | chaque | dans | la zone | fais | jour | centrale.
....

F 4 Translate these sentences into French.

1 I live in a province of Canada. ....
2 It is in the north of France. ....
3 There are lots of little streets. ....
4 My whole family lives in this village. ....
5 One day, I would like to live in a town. ....

1 Là où j'habite
H Using the pronoun y

Module 7
Student Book pp. 114–115

H 1 Separate the French infinitive verbs and write them next to their English translations.

recevoirplaireconserveradapterimaginertournerdésirerloueréchangerappartenirposséderbaisser

1 to adapt .... adapter
2 to please .... plaire
3 to imagine .... imaginer
4 to belong .... appartenir
5 to hire .... louer
6 to keep/conserve .... conserver
7 to own/possess .... posséder
8 to desire .... désirer
9 to lower .... baisser
10 to exchange .... échanger
11 to turn .... tourner
12 to receive .... recevoir

> **H** The pronoun *y* means 'there'. It replaces à + a noun, and goes in front of the verb:
> J'**y** habite avec ma famille.   I live **there** with my family.
> If the verb is followed by an infinitive, *y* goes in front of the infinitive:
> On peut **y** voir un vieux pont.   You can see an old bridge **there**.
> In the perfect tense, *y* goes in front of the auxiliary verb:
> J'**y** suis allé(e) avec ma famille.   I went **there** with my family.

H 2 Rewrite these sentences on a separate sheet, replacing the underlined words with y.

1 J'habite <u>à Paris</u> depuis deux ans.
2 Elle est allée <u>à la gare</u> avec quelqu'un.
3 J'aimerais mieux habiter <u>en ville</u>.
4 Ils sont restés <u>à la maison</u> toute la journée.
5 On peut voir des arbres <u>à la campagne</u>.
6 Je ne veux plus aller <u>en France</u>.

> **H** Use *depuis* with the present tense in French to say how long you have been doing something for:
> J'y habite **depuis** cinq mois.   I have lived there for five months.
> Nous vivons ici **depuis** 2020.   We have lived here since 2020.

H 3 Use words from the boxes to translate the sentences into French.

combien	beaucoup	habites	habiter	mieux	est
n'	tu	le réseau	il	5G	avait
de temps	j'aimerais	y	de champs	depuis	pas bon

1 There used to be lots of fields. ....
2 How long have you lived there? ....
3 The 5G network isn't good there. ....
4 I would prefer to live there. ....

H 4 Translate this paragraph into English on a separate sheet.

J'habite dans l'est de la France depuis sept ans. Dans ma ville, il y a beaucoup de choses à faire pour les touristes. On y trouve de nombreux bâtiments importants, par exemple les belles maisons traditionnelles. Vivre en ville est complètement parfait pour moi car je suis une personne très active. Pourtant, il y a parfois trop de bruit pour moi, surtout la nuit. Nous devons dormir avec toutes les fenêtres fermées.

2 Sur la bonne route
Using à and de with the definite article

1 Draw lines to match up the French phrases with their English translations.

1 Allez tout droit   a Take the second street on the right
2 Traversez le pont   b Turn left
3 Prenez la première rue à gauche   c Take the first street on the left
4 Tournez à gauche   d Go straight on
5 Prenez la deuxième rue à droite   e Which direction should we go?
6 On doit aller dans quelle direction?   f Cross the bridge

2 Translate the underlined words into English.

1 La banque est près de la gare. ....
2 La boulangerie est à côté du marché. ....
3 La poste se trouve entre le musée et le cinéma. ....
4 L'arrêt de bus est près de l'hôpital. ....
4 La frontière est à cinq kilomètres d'ici. ....

The prepositions *à* and *de* merge with *le* and *les* to form new words.

		le	la	l'	les
à	pour aller …	**au** parc	**à la** gare?	**à l'** hôpital?	**aux** magasins?
de	à côté de	**du** musée	**de la** poste	**de l'** hôtel	**des** toilettes

3 Complete the sentences with *au*, *à la*, *à l'* or *aux*.

1 Pour aller .... place centrale?
2 Je vais .... magasin pour acheter un cadeau.
3 Il faut continuer tout droit .... feux.
4 Quel est le numéro de ta chambre .... hôtel?
5 J'ai manqué mon bus pour aller .... fête.
6 Elle ne veut pas vendre ses fruits .... marché.

4 Complete the sentences with *du*, *de la*, *de l'* or *des*.

1 Il y a un cinéma en face .... gare.
2 J'ai vu mes parents près .... supermarché.
3 Notre maison se trouve à côté .... magasins.
4 Je ne voudrais jamais habiter près .... hôpital.
5 Les feux étaient loin .... commissariat.
6 Le pantalon .... marque que j'adore est en vente.

Module 7
Student Book pp. 116–117

5 Complete the missing parts of these French-English parallel sentences.

1	Elle .... veut .... habiter .... la capitale.	.... no longer wants to live far from the capital city.
2	Tu iras au café .... le cinéma?	Will you go to the .... behind the ....?
3	On peut .... de l'aide	You can find help at the police station.
4	Je dois acheter un nouveau chapeau .... magasin.	I have .... at the shop.
5	Au secours! .... est l'hôpital? Je suis	...............! Where is the ....? I'm injured.
6	C'est .... la plus proche, selon toi?	It's the .... house, according to ....?

6 Translate these sentences into English.

1 Il y a beaucoup de magasins dans ma ville.

....

2 Malheureusement ce n'est jamais calme.

....

3 Prenez la troisième rue à gauche.

....

4 La poste est derrière le cinéma.

....

5 Notre ancienne maison était loin de mon collège.

....

7 Translate this paragraph into French.

> Use *Personne n'*.

Unfortunately there is nothing for young people of my age in my village. Nobody likes living here! On the one hand, the countryside is beautiful and it's always quiet. However on the other hand, it's very boring for young people, especially at the weekend. Last month, it was my little brother's birthday, so we had to take the bus to go to town. We decided to go to the swimming pool since the weather was bad.

> Use *devoir* in the perfect tense.
> Take care with word order.
> Use *puisque*.

....

....

....

....

....

Pearson Edexcel GCSE French © Pearson Education Limited 2025

3 Tendances et shopping
Using *de* to indicate possession

1 Unjumble these French adjectives and write them next to their English translations.

paitarf   tencedan   êemm   herc   goln   ichre   dive

1 perfect   ....
2 expensive   ....
3 rich   ....
4 same   ....
5 long   ....
6 empty   ....
7 trendy   ....

2 Draw lines to match up the French questions with their English translations.

1 Qu'est-ce que vous cherchez?   a What is the problem?
2 Ça coûte combien?   b Can I pay by card?
3 Quel est le problème?   c What are you looking for?
4 Je peux l'essayer?   d Can I try it on?
5 C'est pour vous?   e How much does it cost?
H 6 Je peux payer par carte?   f Is it for you?

H **3** Rewrite each sentence, putting the words into the correct order.

1 chapeau   Vous   ce   rose?   aimez

   Vous aimez ....

2 Malheureusement   est   cette   trop   moulante.   jupe

   ....

3 noir.   Il   la   chose   en   met   même

   ....

4 trente   Mon   pantalon   a   nouveau   euros.   coûté

   ....

> **G**
> In English, an apostrophe is used to indicate possession:
> my best friend's birthday; my brother's shoes
> In French, you use **de** (of):
> *l'anniversaire* **de** *ma meilleure amie* (the birthday of my best friend)
> *les chaussures* **de** *mon frère* (the socks of my brother)

Module 7
Student Book pp. 118–119

4 Choose as many words as you need from the grid to translate these phrases into French. You will need to use some boxes more than once.

| le fauteuil | mes voisins | roulant | mon père | ma tante | la mode |
| le coin | le rêve | de | le logement | le nom | notre chien |

1 my aunt's fashion ....
2 our dog's corner ....
3 my father's dream ....
4 our dog's name ....
5 my father's wheelchair ....
6 my neighbours' accommodation ....

H 5 Circle the spelling or grammar mistakes in each sentence. Then write what the word should be.

1 J'ai acheté cette pantalon pour la fête ce week-end. ....
2 Je peux la essayer s'il vous plaît? ....
3 Je le porterai samedi prochain avec la chemise de mon frère. ....
4 Je leur ai donné beaucoup de chaussettes noire. ....
5 Est-ce que tu as vu le chien des mes parents? ....
6 Ta nouvelle jupe verte est trop beau! ....

F 6 Translate these sentences into French.

1 I bought these black trousers online.

....

2 Do you like this blue shirt?

....

3 I found it in a fashion shop.

....

4 It was my little brother's birthday.

....

5 I am going to wear it next weekend.

....

H 7 Translate this paragraph into English on a separate sheet.

Dimanche dernier, je suis allé au centre commercial avec des amis. Même mon meilleur ami, qui n'aime pas du tout faire les magasins, est venu. J'étais très fier de lui! Les magasins étaient pleins de jeunes qui cherchaient de nouveaux vêtements. J'étais sous pression, puisque je devais trouver un cadeau pour l'anniversaire de ma sœur. Finalement, j'ai acheté un nouvel ordinateur portable en or qu'elle aimera sans aucun doute!

4 La maison de mes rêves
- Adjectives with different meanings
- Using *si* clauses

1 Write the English of these adjectives which all go before the noun (unlike most other adjectives which go after the noun!).

1 grand ....
2 petit ....
3 vieux ....
4 nouveau ....
5 jeune ....
6 beau ....

2 Complete the sentences using the words in the box.

1 Je voudrais une .... avec mon propre jardin.
2 Elle voudrait un .... avec beaucoup d'espace pour mettre ses affaires.
3 Une .... cuisine a beaucoup d'importance pour mes parents.
H 4 Le mieux serait une maison adaptée pour les .... handicapées.
H 5 Ils .... une maison avec une piscine, ce qui est assez rare.
H 6 Un jardin .... des chemins étroits serait impossible pour moi.

> aimeraient
> appartement
> avec
> belle
> maison
> personnes

> Some adjectives have a different meaning before and after the noun.
> une maison <u>ancienne</u> — an ancient/old house
> une <u>ancienne</u> amie — a former friend
> une chambre <u>propre</u> — a clean bedroom
> ma <u>propre</u> chambre — my own bedroom
> un appartement <u>cher</u> — an expensive apartment
> un <u>cher</u> oncle — a dear uncle

3 Translate the underlined words into English.

1 <u>Le symbole ancien</u> n'est pas très beau. ....
2 Tu as vu <u>ma propre marque</u> de vêtements? ....
3 <u>L'ancienne route</u> était plus longue. ....
4 <u>Sa chère grand-mère</u> le connaît très bien. ....
5 <u>Un sol propre</u> est très important pour lui. ....
6 Je ne veux pas suivre <u>une formation chère</u>. ....

> You can use *si* ('if') with a verb in the imperfect tense, followed by a verb in the <u>conditional</u>, to express dreams and wishes.
> Si j'étais riche, <u>je voudrais</u> avoir une grande maison. If I were rich, I would like to have a big house.
> **H** Si j'étais riche, <u>j'habiterais</u> à la campagne. If I were rich, I would live in the countryside.

Module 7
Student Book pp. 120–121

4 Unjumble the words and rewrite the sentences in the correct order.

1 un beau jardin   si j'étais riche   avoir   je voudrais

   ....

2 si j'étais riche   habiter   au bord de la mer   je voudrais

   ....

H 3 ma maison   un bois entier   dans le jardin   aurait   si j'étais riche

   ....

H 4 dans   si j'étais riche   mon anniversaire   un hôtel cher   je fêterais

   ....

H 5 Complete these sentences by adding the conditional tense of the verb in brackets.

1 Si j'étais riche, j'aurais........................peut-être une belle voiture rouge. *(avoir)*

2 S'il était riche, il .... dans un énorme château. *(habiter)*

3 Si nous étions riches, nous .... en avion privé. *(voyager)*

4 Si elles étaient riches, elles .... au restaurant tous les soirs. *(manger)*

5 Si tu étais riche, est-ce que tu .... au travail à pied ou en voiture? *(aller)*

6 Si j'étais riche, la séparation entre la vie personnelle et la vie professionnelle
   .... importante. *(être)*

F 6 Translate these sentences into English.

1 Je voudrais habiter dans une belle ville.

   ....

2 Elle rêve d'avoir un grand jardin avec beaucoup d'espace.

   ....

3 Penser au passé est ennuyeux pour tout le monde.

   ....

4 Si j'avais plus d'argent, je voudrais avoir mon propre appartement.

   ....

5 Si elle était riche, elle voudrait faire le tour du monde avec sa famille.

   ....

H 7 Translate this paragraph into French on a separate sheet.   Use *billets aller-retour*.

If I had the choice, I would live in a city. I prefer to travel by train and it would be great to live two minutes from the station. I would buy return tickets to go to Paris every weekend! In my apartment on the third floor, there would be beautiful lights and also lots of expensive books, because reading is one of my big passions in life. In my area, there would be little traffic and there wouldn't be any crime.

Use *à deux minutes de*.

Use *mon quartier*.

Pearson Edexcel GCSE French © Pearson Education Limited 2025

5 As-tu déjà visité Paris?
F Forming questions in different tenses

Module 7
Student Book pp. 122–123

1 Write the French words from the box next to the correct English translation. Start with the easy ones and then make educated guesses for the remaining ones.

1 distance ....
2 end ....
3 wheelchair ....
4 checkout/till ....
5 thing ....
6 reason ....
7 direction ....
8 date ....
9 change/currency ....
10 meaning ....

> la caisse
> la date
> la direction
> la distance
> le fauteuil roulant
> la fin
> la monnaie
> la raison
> le sens
> le truc

G

The simplest way to ask a question in any tense is to use *est-ce que* ...?
Est-ce que tu es déjà allé(e) en Angleterre? — Have you ever been to England?
Pourquoi *est-ce qu'*elle va au centre sportif? — Why does she go to the sports centre?
Quand *est-ce qu'*on va aller au cinéma? — When are we going to go to the cinema?
The following question words can be used with *est-ce que* ...?
Avec qui? Comment? Quand? Où? Pourquoi?

2 Complete these questions using an appropriate question word. Use the answers to help decide.

1 .... est-ce que tu as voyagé en Afrique? — J'ai voyagé en Afrique en bateau.
2 .... est-ce que tu veux visiter la Martinique? — Je veux visiter la Martinique avec mon frère.
3 .... est-ce que nous allons prendre le train? — Nous allons prendre le train à 17h30.
4 .... est-ce qu'il voudrait aller l'année prochaine? — Il voudrait aller à Madagascar.
5 .... est-ce que vous voulez aller en Algérie? — Parce qu'il y a de belles plages.

3 Translate these questions into French, using the phrases in the box with *est-ce que* and a question word.

1 Do you like travelling by train? *Est-ce que tu aimes voyager* ....
2 Why did she go to the cinema? ....
3 When are we going to go to London? ....
4 Who would you like to dance with? ....

> elle est allée
> on va aller
> ~~tu aimes voyager~~
> tu voudrais danser

F 4 Translate these sentences into French.

1 I would like to visit France one day. ....
2 I am going to travel by plane. ....
3 Have you ever been to Paris? ....
4 How do you like to travel? ....
5 If I was rich, I would like to visit Madagascar. ....

5 As-tu déjà visité Paris?
Spotting different tenses from verb endings

Module 7
Student Book pp. 122–123

1 Fill in the missing vowels in these French nouns.

1 volume – le v_l_m_
2 gender – le s_x_
3 citizen – le c_t_y_n
4 loss – la p_rt_
5 horror – l'h_rr__r
6 century – le s__cl_
7 part – la p_rt_
8 past – le p_ss_

> To spot tenses, look at the verb endings:
> - Present tense regular verbs usually end in -e, -es, -e, -ons, -ez, -ent
>   *je joue, tu manges, vous allez*
> - Future tense verbs end in -ai, -as, -a, -ons, -ez, -ont
>   *je regarderai, il chantera, elles feront*
> - Conditional tense verbs end in -ais, -ais, -ait, -ions, -iez, -aient
>   *j'habiterais, tu irais, nous aurions*
> - Perfect tense verbs are usually *avoir/être* + past participle
>   *j'ai joué, elle a fait, ils sont allés*

2 Which tense do these sentences use – present (P), future (F), conditional (C) or perfect (Pe)?

1 Le volume serait trop bas pour moi. ☐
2 Il a fait quoi le week-end dernier? ☐
3 Il manque un film d'horreur au festival. ☐
4 Voilà les citoyens que tu voudrais voir. ☐
5 Je compte sur toi pour trouver le bon train. ☐
6 Ils essayeront de trouver une solution permanente. ☐
7 Est-ce que tu as reçu la dernière partie du roman? ☐
8 Est-ce qu'il contrôlera la partie basse? ☐

3 Complete these questions using the words in the box. You will need to use some words more than once. You will need to put any infinitive verbs into the correct tense.

> aimer   aller   avec qui   est-ce que   être   noter   où   pourquoi   rendre

1 .... est-ce que les toilettes .... occupées?   Parce qu'il y a trop de monde.
2 .... il .... voyager à Paris avec nous?   Non, il aimerait y aller tout seul.
3 .... est-ce que tu .... en Amérique?   J'irai en Amérique avec mes amis.
4 .... est-ce qu'elles .... l'année précédente?   Elles sont allées en Algérie.
5 Comment .... je .... les billets de retour?   Tu les rends à la caisse.
6 .... tu .... tous les événements du passé?   Non, je n'ai rien noté.

4 Translate this paragraph into English on a separate sheet.

Quand est-ce que tu iras à Paris? J'ai toujours voulu visiter Paris avec toi. Est-ce que tu y es déjà allé? Moi, je n'ai jamais voyagé à l'étranger jusqu'à présent. À Paris, je ferais une sortie en bateau et j'aimerais voir le spectacle son et lumière à la tour Eiffel. Comment est-ce qu'on voyagera en France? Moi, je préfère prendre l'avion, mais je sais que c'est assez cher.

Glossary

bold = this word will appear in Higher exams only

à côté de	next to
accès (m)	access
adapter	to adapt
adresse (f)	address
affaire (f); affaires (fpl)	matter; belongings
agréable	pleasant
aller-retour (m)	return ticket
ancien	old, former
anniversaire (m)	birthday
appartement (m)	apartment, flat
appartenir (à)	to belong
arbre (m)	tree
arrêt (m)	stop
avais	(I, you) had / (I, you) used to have
baisser	to lower, turn down
banque (f)	bank
bas	low (m)
basse	low (f)
beau (m)/bel; beau-	beautiful, handsome, nice (weather); step-
beaux (mpl)	beautiful, handsome, nice (weather); step-
bibliothèque (f)	library
bois (m)	wood, woods
boulangerie (f)	bakery
cadeau (m)	present
caisse (f)	checkout, till
capitale (f)	capital city
central	central
certain	certain
ces (pl)	these, those
cette (f)	this, that
champ (m)	field
chapeau (m)	hat
chaussette (f)	sock
chaussure (f)	shoe
chemin (m)	path, way
cher	expensive, dear
citoyen (m)	citizen
clé (f)	key
coin (m)	corner
commissariat (m)	police station
complètement	completely
compter	to count
concours (m)	competition
connais; connais !	(I) know, am familiar with / (you) know, are familiar with; know! (sing informal)
connaît	(she, he, it, one) knows, is familiar with / (we) know, are familiar with
connaître	to know, be familiar with
conserver	to keep, to preserve
construire	to build
contrôler	to check, to control
couleur (f)	colour
courses (fpl)	shopping
crime (m)	crime
d'habitude	usually
d'un autre côté	on the other hand
d'un côté	on one hand
date (f)	date
dehors; (en) dehors	outside, outdoors
déjà	already
depuis	for, since
derrière	behind, at the back
désirer	to desire
devons	(we) have to, must
direction (f)	direction
distance (f)	distance
droit	right, straight
échanger	to exchange
endroit (m)	place

Module 7: Glossary

ensuite	then
entier	entire, full, whole
entre	between
entrée (f)	entrance, starter
escalier (m)	stairs
espace (m)	space, room
est	(he/she/it/one) is
étage (m)	floor
étonnant	surprising
étroit	narrow
exactement	exactly
face (f)	front, face, side
fauteuil roulant (m)	wheelchair
fêter	to celebrate
feu (m)	fire, traffic light
fier	proud
fin (f)	end
finalement	finally
formation (f)	training, apprenticeship
frontière (f)	border
gare (f)	station
gauche (f)	left
habiter	to live
handicapé	disabled
hôpital (m)	hospital
horreur (f)	horror
il manque …	… is missing
imaginer	to imagine
immeuble (m)	building, block of flats
importance (f)	importance
influenceur (m)	influencer
iras	(you) will go
jardin (m)	garden
journée (f)	day
jupe (f)	skirt
jusque	until
kilomètre (m)	kilometre
leur	to/for them (m, f) (indirect obj)
logement (m)	accommodation
loin	far
long	long
louer	to hire
lumière (f)	light
magasin (m)	shop, shopping
malheureusement	unfortunately
manque (m)	lack
to miss (public transport)	to miss
marché (m)	market
marque (f)	brand, mark
même	even, same
met	(he/she/it/one) puts
métro (m)	underground, tube
mets	(I/you)
minute (f)	minute
mode (f); à la mode	fashion; fashionable, trendy
moderne	modern
monnaie (f)	change, currency
montrer	to show
moulant	tight
mur (m)	wall
musée (m)	museum
ne … personne; personne ne	not anyone, no-one; nobody (subj)
ne … plus	not anymore, no longer
nom (m)	name, surname
nombreux	numerous, many
noter	to note
notre	our (m/f)
numéro (m)	number
occupé	busy
or (m)	gold
parc (m)	park
parfait	perfect
parfaitement	perfectly
parole (f); paroles (fpl)	speech, word, speaking; lyrics

Module 7: Glossary

partie (f)	part
partout	everywhere
passé (m)	past
passer; se passer	to spend (time), take (an exam); to happen, take place
pâtisserie (f)	patisserie, cake shop
permanent	permanent
personne ne …	nobody …
perte (f)	loss, waste
peut-être	maybe, perhaps
pharmacie (f)	pharmacy
pièce (f)	play, coin, room
plaire	to please
plein	full
poche (f)	pocket
porte (f)	door
posséder	to own, have, possess
possibilité (f)	possibility
poste (m); poste (f)	job, position, post; post office
pourtant	yet, nonetheless
précédent	previous
près (de)	near, nearby, close by
pression (f)	pressure
proche	near
propre	clean, proper, own
province (f)	province
puisque	since, because
quartier (m)	neighbourhood
quelqu'un	someone, somebody
question (f)	question
quoi (?)	what (?)
raison (f)	reason, right, correct
rare	rare
récemment	recently
recevoir	to receive
reçu	received / (have, has) received
rendre	to return, hand in, give back
réseau (m)	network
retour (m)	return
rêve (m)	dream
riche	rich
roman (m)	novel
route (f)	road, way, route
se passer	to happen, take place
secours (m)	help, aid, assistance (in an emergency)
sens (m)	sense, meaning
séparation (f)	separation
sexe (m)	gender, sex
siècle (m)	century
sol (m)	floor, ground
station (f)	(bus) stop, (tube) station
supermarché (m)	supermarket
symbole (m)	symbol
table (f)	table
tableau (m)	board, painting, picture
tendance	fashionable, trendy
tendance (f)	trend, tendency
tour (m); tour (f)	tour; tower
tourner	to turn
traditionnel	traditional
trafic (m)	traffic
traverser	to cross
truc (m)	thing
vendre	to sell
vente (f)	sale
vide	empty
village (m)	village
ville (f)	town, city
voilà	there, there you are
voisin (m)	neighbour
volume (m)	volume
y	there
zone (f)	zone

Notes

Zone de culture Mon été de rêve

F Using two different tenses to express the future

Module 8
Student Book pp. 182–183

1 Fill in the missing vowels in the French professions. Then write their translations using the words in the box.

actor artist boss doctor police officer president singer

1 CH__NT___R ....
2 __RT__ST__ ....
3 CH__FF__ ....
4 __CT___R ....
5 P__L__C___R ....
6 PR__S__D__NT__ ....
7 PR__F__SS___R ....
8 M__D__C__N ....

> To talk about events in the future we often use the near-future tense (aller + infinitive)
> *Je vais travailler…*   I am going to work…
> Sometimes we can use the present tense with a time adverb to express the future.
> *Demain, je travaille…*   Tomorrow I am working…

2 Unjumble the words to write sentences on a separate sheet.

1 bureau. vais dans un travailler Je
2 amis. week-end je mes Ce visite Paris avec
3 ses l'étranger études. va travailler à Il après
4 avenir. rêve Je chef à d'être l'
5 une de foot. prochain je dans équipe Samedi joue

3 Draw lines to match up the sentence halves.

1 Moi, je voudrais avoir le titre de
2 Pour gagner de l'argent, je vais
3 Je veux devenir joueur de
4 Je vais devenir responsable de mon propre
5 Après le collège, je vais à l'université car
6 Cet été, je travaille dans une ferme

a travailler dans un restaurant.
b projet parce que ça va être intéressant.
c les études sont nécessaires pour réussir.
d Directeur d'une grande entreprise.
e football un jour parce que j'aime le sport.
f parce que j'aime les animaux et que je suis indépendant.

F 4 Translate these sentences into French on a separate sheet.

1 In the future I am going to work in an office because it is interesting.
2 My dad is visiting Canada this summer.
3 I do not want to become an artiste because it is hard.
4 To earn money I am going be become a football player.
5 I would like to work with dogs because I love animals.

Zone de culture Mon été de rêve

Module 8
Student Book pp. 182–183

H Using three different tenses to express the future.

H 1 Complete the sentences using the infinitives in the box.

> chercher   (se) concentrer
> inspirer   obtenir   observer
> permettre   poursuivre

1 Cet été, je vais .... un emploi dans un restaurant pour gagner de l'argent.
2 Après mes études, je vais .... une carrière comme médecin, mais ce sera dur.
3 Pour réussir mes examens, je vais me .... sur mes études pendant les vacances.
4 Mon frère veut .... un travail à l'étranger pour améliorer son anglais.
5 Travailler avec des professionnels va m'............................. à devenir meilleur dans mon futur métier.
6 Pendant les vacances, je vais .... la nature pour me reposer.
7 Mes parents vont me .... de travailler cet été.

> **H** There are two different future tenses in French:
> The **near future tense** (*aller* + infinitive)   *Je vais travailler…*   I am going to work…
> The **simple future tense**   *Je travaillerai…*   I will work…
> Sometimes we can use the **present tense** with a **time adverb** to express the future.
> *Demain, je visite…*   Tomorrow I am visiting…

G

H 2 Change these sentences from the near future to the simple future. Write on a separate sheet.

1 Je vais travailler enfin dans une ferme et j'espère que cela va être intéressant.
2 Je vais aider dans un centre sportif et je souhaite être le patron un jour!
3 Est-ce que tu vas travailler dans une entreprise où l'esprit d'équipe est fort?
4 Ce projet va me donner envie de travailler dur cet été.
5 Un employé fidèle et disponible va être essentiel pour atteindre les objectifs de l'entreprise.

H 3 Draw lines to match the sentence halves.

1 Est-ce que tu aides dans le
2 Mon ami va travailler
3 Je ne visiterai pas l'Europe parce que
4 Si je trouve un travail cet été, c'est
5 En plus de gagner de l'argent, vous
6 Nous allons également nous

a je n'aime pas aller à l'étranger.
b faire de nouveaux amis.
c allez développer de nouvelles compétences.
d dans un magasin pendant les vacances.
e centre sportif ce week-end?
f grâce à mon indépendance.

H 4 Translate this paragraph into English on a separate sheet.

Cet été, je vais travailler comme apprentie dans une entreprise. Je vais servir les clients dans un restaurant, ce qui peut être fatigant mais intéressant. Mon intention est de devenir plus indépendante et travailleuse à l'avenir. Je veux être ma propre patronne. Je ne veux pas aider dans le centre sportif cet été comme l'année dernière, c'était très ennuyeux.

1 Mes passions et mon avenir

F Using a range of structures followed by the infinitive

Module 8
Student Book pp. 184–186

1 Complete these phrases using the infinitives in the box. Use the English to help you.

1 .... des enfants — to have children
2 .... beaucoup d'argent — to earn lots of money
3 .... à l'étranger — to travel abroad
4 .... les examens — to pass exams
5 .... les études — to continue studies
6 .... à l'université — to go to university

aller
avoir
continuer
gagner
réussir
voyager

le patron

The following phrases can be used to talk about future plans. They need to be followed by an infinitive:

Je veux	I want to
Je voudrais	I would like to
J'espère	I hope to
Mon ambition est de	My ambition is to
Mon but est de	My aim is to

2 Unjumble the words to rewrite the sentences correctly.

1 l'université études veux mes je continuer à ....
2 réussir j'espère examens mes ....
3 travailler l'étranger but mon de à est ....
4 mon médias de les travailler dans est ambition ....
5 me si voudrais possible marier un je jour, ...

3 Complete the missing parts of the French-English parallel sentences.

1	Moi, je veux .... dans le tourisme car je veux aller	I want to work in .... because I .... to go abroad.
2	.... je veux avoir des ...., probablement sans me marier.	Later I want to have children, ... without ....
3	Mon .... est de gagner .... d'argent et d'être la cheffe.	My aim is to .... lots of money and be the ....
4	Je .... habiter à la .... et avoir des chiens.	I would like .... in the countryside and have ....

4 Translate these sentences into English on a separate sheet.

1 Généralement, pour trouver un bon travail, il faut aller à l'université.
2 Mon ambition est d'être indépendant et responsable.
3 Mon but est d'aller à l'université pour étudier les maths.
4 Mon frère veut gagner beaucoup d'argent mais moi, je voudrais aider les autres.
5 Je ne veux pas me marier et je n'aime pas les enfants.

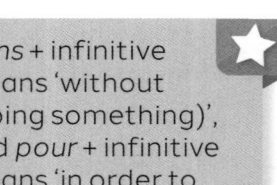

Sans + infinitive means 'without (doing something)', and *pour* + infinitive means 'in order to (do something)'.

1 Mes passions et mon avenir
Using *après avoir* and the past participle

Module 8
Student Book pp. 184–185

H 1 Complete the sentences using the words in the box. Not all words are used.

1 J'ai .... de continuer mes études à l'étranger.
2 Mon premier .... est de travailler dans l'industrie des médias.
3 J'espère trouver un emploi facilement, mais .... aller à l'université.
4 .... d'aller en vacances, je dois aller voir mes parents.
5 Mon père ne .... pas se marier à l'avenir.
6 Je veux travailler avec les animaux; c'est ma plus grande ....

ambition
avant
but
double
envie
sans
sorte
voudrait

> To say 'after doing' or 'after having done' something we use *après avoir* or *après être* and the past participle. Remember that the past participle must agree if it is used with *être*.
> **Après avoir travaillé** — After having worked
> *Après être allée* — After having gone

H 2 Complete the sentences using *après avoir* or *après être* and the past participle of the verb in brackets.

1 .... (*finir*) mes études, j'ai l'intention de devenir directeur de ma propre entreprise.
2 .... (*voyager*) à l'étranger, j'aurai besoin de trouver du travail.
3 .... (*retourner*) dans son pays, elle espère aider les autres.
4 Malgré ses problèmes, ... (*réussir*) ses examens, elle a envie d'aller en France.
5 .... (*aller*) en ville, elle veut prendre la responsabilité de choisir un restaurant pour la famille.
6 .... (*gagner*) de l'argent, son but sera de trouver un emploi dans l'enseignement.

H 3 Complete this paragraph using the words in the box.

> Après avoir **1** .... mes examens, je vais tenter de **2** .... un emploi à Paris. Un avantage de travailler à l'étranger est de **3** .... de nouvelles cultures et de pratiquer les **4** .... Mes parents savent aussi que c'est important. Parfois, il est **5** .... de réussir mais avec de la volonté, tout est possible. Après avoir **6** .... un nouveau pays, j'aurai assez d'expérience pour former une petite entreprise chez moi.

découvrir
difficile
découvert
études
langues
réussi
trouver

H 4 Translate this paragraph into French

Firstly, my intention is to continue with my studies. After having passed my exams, I hope to find a job in media. However, before finding a job I hope to travel abroad; I love languages. Later I would like to get married and perhaps have children. My ambition is to be happy and to live in the countryside.

....
....
....
....

2 Express mondial
Using verbs that take *être* in the perfect tense

1 Draw lines to match the French past participles with their English translations.

1	passé	a	followed
2	perdu	b	went
3	suivi	c	taken
4	arrivé	d	spent
5	parti	e	stayed
6	allé	f	left
7	resté	g	lost
8	pris	h	arrived

2 Complete the conversation using the words in the box. There are more words than you will need.

- À quelle heure part le **1** .... train pour Lille?
- Le train part à dix **2** .... trente-cinq.
- Un aller, ça coûte **3** .... ?
- C'est vingt-deux euros.
- Est-ce que je peux avoir deux **4** ...., s'il vous plaît?
- Ça fait **5** .... euros pour les deux billets.
- Et le train part de quel quai?
- **H** **6** .... numéro 4.

allers
cas
final
combien
heures
prochain
quai
quarante-quatre

H 3 Complete the French paragraph with the words in the box. Use the English translation to help.

My train journey was terrible. Neither my seat nor my mother's seat was comfortable; and we paid an additional price! From the beginning, I was looking out the window and reading a book; the journey ended more quickly than I had imagined. Elsewhere in the train, I saw a child with his friends. They were having a great time together.

Mon **1** .... était terrible. Ni mon siège ni le siège de ma mère n'étaient **2** ...., et on a payé un **3** .... supplémentaire! J'ai regardé le paysage par **4** .... et j'ai lu un livre. Finalement, le voyage a terminé et on est **5** .... pour vraiment commencer nos vacances! **6** .... dans le train, j'ai **7** .... un adolescent en compagnie de ses amis. Ils se sont bien amusés **8** ....

ailleurs
confortables
descendu
ensemble
la fenêtre
prix
voyage en train
vu

Module 8
Student Book pp. 186–187

Some verbs form the perfect tense with *être* and not *avoir*. For example: *aller, arriver, partir* and *rester*. Remember that the past participle must agree with the subject of the verb in this case.

Je suis arrivé(e)	I arrived	Nous sommes arrivé(e)s	We arrived
Tu es arrivé(e)	You arrived	Vous êtes arrivé(e)(s)	You arrived
Il est arrivé	He arrived	Ils sont arrivés	They arrived (m)
Elle est arrivée	She arrived	Elles sont arrivées	They arrived (f)

4 Circle the correct auxiliary verb to complete each sentence.

1 Le train **a / est** arrivé plusieurs fois en retard.

2 Mon frère **a / est** pris le train directement de Paris.

3 Je **suis / ai** resté dans un camping avec un couple.

4 Ma sœur n' **a / est** pas encore arrivée à cause de la mort de son chien.

5 Est-ce que tu **as / es** voyagé en Europe sans nous?

6 Nous **avons / sommes** joué au football dans le parc.

5 Complete the sentences with the correct form of the verb in brackets using either the perfect tense or the infinitive.

> Remember that you can use *venir de* + infinitive to say what has just happened.

1 Ils .... une nuit dans un terrain de camping. (*passer*)

2 Elle .... à environ 14h00 avec ses amis. (*arriver*)

3 Il vient de .... ses études à l'université et mardi il a un entretien. (*finir*)

4 Vous .... un abonnement de carte bus pour pouvoir voyager quand vous voulez. (*prendre*)

5 Ils .... en Angleterre et ils .... dans un hôtel très confortable. (*voyager, rester*)

6 Je viens d' .... dans l'appartement. (*entrer*)

7 Il .... chez lui car il n'était pas capable de partir en vacances. (*rester*)

8 Nous .... au Canada et nous .... des photos. (*aller, prendre*)

6 Translate these sentences into French.

1 What time does the next train to Paris leave? ....

2 Can I have three one-way tickets to Leeds? ....

3 My mother went to England with me. ....

4 We took the train and stayed in a hotel. ....

5 My mother started her job as a doctor. ....

7 Translate this paragraph into English on a separate sheet.

L'année dernière, Myriam est allée à l'étranger pour un voyage professionnel. Quand elle est arrivée, elle a rapidement commencé à travailler avec une équipe locale. Grâce à son influence positive, elle a connu une grande réussite dans son projet. Toutefois, elle s'est quelquefois sentie un besoin de revenir chez elle. Après son départ, elle a gardé de bons souvenirs de cette expérience.

3 Quelles sont tes compétences?
Using infinitives as nouns

1 Write the English translation for these phrases, using the words in the box.

animals	fashion	passion	working alone
being responsible	a good salary	positive attitude	
communication	an interesting role	the team	

1 la communication

2 un bon salaire

3 un rôle intéressant

4 l'équipe

5 la passion

6 travailler seul(e)

7 attitude positive

8 être responsable

9 les animaux

10 la mode

2 Complete the sentences using the nouns in the box.

1 J'aime travailler avec des chiens et partager ma .... pour les animaux.

2 Je suis toujours actif et travailleur et j'aime aider les autres; j'aime aussi prendre des ....

3 Je veux travailler avec un groupe qui respecte mes ....

H 4 J'aime les .... où je peux continuer de développer mes compétences.

H 5 Grâce à mon ...., je suis capable de résoudre toutes sortes de problèmes.

H 6 Pour moi, la liberté dans un emploi est très importante; le ...., ça m'est égal.

H 7 Ma passion, c'est communiquer, mais en ce .... je suis au chômage après avoir été en prison.

décisions
emplois
expérience
idées
moment
passion
salaire

> We can use infinitives as nouns in French. We translate these as -ing in English.
> *Aider les animaux*, c'est ma passion.   Helping animals is my passion.

3 Choose as many words as you need from the grid to translate these sentences into French. You can use some words more than once. Write on a separate sheet.

responsable	mon but	dans une lettre	avec les animaux	être	ça c'est mes devoirs
policière,	c'est	important	mon rêve	pour moi.	ma passion
d'une association européenne	travailler	membre	devenir	décrire	le travail de mon père

1 Being responsible, that is important to me.

2 Working with animals, that is my passion.

3 Becoming a police officer, that is my dream.

4 Being a member of a European association, that is my goal.

5 Describing my father's job in a letter, that's my homework!

Module 8
Student Book pp. 188–189

4 Draw lines to match up the sentence halves.

1 Commander un repas
2 Décider de prendre un risque au travail, vous
3 Envoyer un message clair, c'est essentiel
4 Présenter un événement en ligne,
5 Atteindre le meilleur
6 Risquer de décevoir

a pour la communication.
b c'est passionnant.
c niveau, c'est mon ambition.
d quelqu'un, c'est quelque chose à éviter au travail.
e en ligne, c'est pratique.
f savez que c'est souvent nécessaire.

5 Rearrange the sentences to create a paragraph starting with sentence 4.

1 ce se fier aux autres, c'est essentiel pour
2 l'inconnu et j'aime proposer des idées
3 avec les meilleurs et remercier les gens qui
4 ~~Je suis intéressé par la découverte de~~
5 m'aident. Il est important de sembler
6 nouvelles. Être conscient de l'importance
7 sérieux et de prendre les choses sérieusement.
8 moi. Dans un emploi, je veux travailler

Je suis intéressé par la découverte de…

6 Translate these sentences into English.

1 Travailler seul, c'est important pour moi.

2 En plus, tu sais qu'un bon salaire est essentiel.

3 Si j'ai de la chance, je vais être actrice parce que ma passion, c'est le cinéma.

4 Être active est important; je veux un travail dans la police.

5 Vous savez que je suis amusant et calme et que mon point fort, c'est la communication.

7 Translate this paragraph into French on a separate sheet.

If you used 'on' earlier, use 'ses'.

When you are looking for a job, it is essential to consider your passions and skills. Having a job that interests you is much more enjoyable. A good salary is important, but it should not be the most important thing. Having the opportunity to learn new skills can be exciting! It is equally important to work with a boss who shares your values.

The direct object pronoun comes before the verb.

4 Bien payé, mais fatigant!
Using verbs followed by *à* or *de*

1 Complete the sentences using the words in the box. Then mark if the sentence is positive or negative.

		😊	😐
1	Le .... est bien payé.		
2	Ça peut être		
3	Les .... sont sympa.		
4	On ne .... pas beaucoup d'argent.		
5	Les .... sont longues.		
6	On peut prendre des		

> dangereux décisions
> gagne gens
> heures travail

Careful with *depuis*!

2 Complete the sentences using the phrases in the box. Use the English to help you. You won't need all the phrases.

> ai continué   ai été   ai travaillé   c'est   c'était   considère
> je travaillais   vais considérer   vais continuer   suis

1 Après le collège, j' .... comme actrice.   After school I worked as an actress.
2 Ma passion, ... les animaux.   My passion was animals.
3 Maintenant, je .... de travailler dur.   Now I am going to continue to work hard.
H 4 Je .... médecin depuis deux ans.   I have been a doctor for two years.
H 5 Je ne .... pas travailler à l'étranger.   I am not considering working abroad.

> Some verbs are followed by *à* or *de* + the infinitive:
> *commencer à*   to start to   *essayer de*   to try to
> *réussir à*   to succeed in   *rêver de*   to dream of
> *continuer de* to continue to   *arrêter de*   to stop
> *décider de*   to decide to

G

3 Unjumble the words to rewrite the sentences correctly.

1 de   J'essaye   la pollution   lutter   contre
   ....

2 artiste   à   rêve   de devenir   Je   l'avenir.
   ....

3 décidé de   mes études.   continuer   J'ai
   ....

4 de travailler   restaurant?   as continué   Est-ce que tu   dans le
   ....

5 entreprise.   à commencer   Elle   sa propre   a réussi
   ....

6 dois   Je   réussir   mes   études!   à
   ....

Module 8
Student Book pp. 190–191

4 Complete the missing parts of the French-English parallel sentences.

1	Je vais .... de lire le journal chaque	I will continue .... the newspaper every morning.
2	Elle a décidé de .... un pull pour le début de	She .... to wear a jumper for the .... of winter.
H 3	Nous essayons de .... l'état .... des choses.	We .... to understand the current state of ....
H 4	Ils ont arrêté de .... l'écran après avoir vu le film.	They .... looking at the screen after watching the ....
H 5	Vous devez commencer .... faire uniquement ce qui vous .... juste.	You must .... doing only what seems .... to you.
H 6	Si vous rêvez d' .... médecin, il faut faire une longue .... – c'est un inconvénient, mais c'est la loi.	If you .... of being a doctor, you have to do a long training course – it's a ...., but it's the law.

H 5 Complete the paragraph with the correct verb. Not all of the words are used.

| aide | avons | choisir | continuer | devez | faisons |
| faites | respecte | réussir | rêve | veux | |

Je **1** .... de trouver un emploi que j'aime et qui **2** .... les habitants de ma ville. Nous **3** .... tous des choix importants et je veux **4** .... de suivre mes passions sans excuse. Je **5** .... utiliser mon expression personnelle pour **6** .... Les entreprises font souvent des promesses, mais je veux **7** .... un emploi qui **8** .... mes valeurs.

F 6 Translate these sentences into French.

1 One problem is that the hours are long.

....

2 I will continue to study.

....

3 He dreams of being an artist because he wants to work alone.

....

4 After school, I used to work in a café.

....

5 The work is interesting, but you don't earn much money.

....

H 7 Translate this paragraph into English on a separate sheet.

Je sais que je dois choisir la carrière qui m'intéresse. J'ai longtemps cru qu'un bon poste était important. Mais maintenant, je rêve de trouver un emploi qui aide les gens de ma ville. Nous savons que le sexisme existe, mais je veux suivre mes passions sans excuse. Certaines personnes arrêtent de rêver, mais je veux réussir avec mes idées. Désormais, je veux un travail qui fera une différence.

Glossary

bold = this word will appear in Higher exams only

abonnement (m)	subscription
acteur (m)	actor
actif	active
aider (à)	to help (to)
ailleurs	somewhere else, besides, by the way
aller (m)	single ticket
aller	to go
ambition (f)	ambition
apprenti (m)	apprentice
après avoir + past participle	after having + past participle
argent (m)	money
arriver; arriver à	to arrive; to manage
artiste (m, f)	artist
association (f)	organisation, charity, club, association
atteindre	to reach
avantage (m)	advantage, pro
avenir (m)	future
besoin (m)	need
billet (m)	bank note, ticket
bureau (m)	office, desk
but (m)	goal, aim, purpose
ça m'est égal	I don't mind, I'm not bothered
capable	capable
carrière (f)	career
cas (m)	case
chance (f)	luck
chanteur (m)	singer
chef (m)	boss
cheffe (f)	boss
chercher	to look for, search
chien (m)	dog
chômage (m)	unemployment
client (m)	customer, client
commander	to order
communication (f)	communication
communiquer	to communicate
compagnie (f)	company
compétence (f)	competence, skill, ability
conscient	conscious, aware
considérer	to consider
continuer (de)	to continue, go on, carry on
couple (m)	couple
cru	believed / (have, has) believed
début (m)	start, beginning
décevoir	to disappoint
décider (de)	to decide (to)
décision (f)	decision
découvert	discovered / (has, have) discovered
décrire	to describe
départ (m)	departure
devenir	to become
devez	(you (pl, sing formal)) have to, must
directement	directly, straight away
directeur (m)	boss, headteacher
disponible	available
double	double
dur	hard (adv)
dur	hard, difficult (adj)
écran (m)	screen
également	also, too, as well, equally
emploi (f)	employment
employé (m)	employee, worker
en ligne	online
enfin	finally
enseignement (m)	teaching
entreprise (f)	company, business
entrer	to enter, go in

138 Pearson Edexcel GCSE French © Pearson Education Limited 2025

Module 8: Glossary

entretien (m)	interview
envie (f)	wish, desire, want
environ	about, approximately
équipe (f)	team
espérer	to hope
esprit (m)	spirit
état (m)	state, condition
étranger; à l'étranger	foreign; abroad
études (fpl)	studies
européen	European
événement (m)	event
excuse (f)	excuse
expression (f)	expression
facilement	easily
faites; faites !; faites de; faites de !	(you (pl, sing formal)) do, make
fatigant	tiring, exhausting
fidèle	loyal, faithful
final	final
fois (f)	time
font; font de	(they) do, make
former	to form
généralement	generally
grâce (f); grâce à	grace, thanks to
groupe (m)	group, band
habitant (m)	inhabitant, resident
idée (f)	idea
inconnu	unknown
inconvénient (m)	disadvantage, con, inconvenience
indépendance (f)	independence
indépendant	independent
industrie (f)	industry
influence (f)	influence
inspirer	to inspire
intention (f)	intention
intéressant	interesting
joueur (m)	player
journal (m)	newspaper
le meilleur ; (le) meilleur, (la) meilleure, (les) meilleur(e)s	the best
lettre (f)	letter
liberté (f)	freedom
loi (f)	law
longtemps	a long time
longue (f)	long
malgré	despite
médias (mpl)	media
meilleur	better, best
membre (m)	member
message (m)	message
objectif (m)	objective
observer	to observe, watch
obtenir	to get, obtain, get hold of
partager	to share
patron (m)	boss
patronne (f)	boss
perdre	to lose
permettre	to allow, permit
plusieurs	several, many
point (m)	point
police (f)	police, police station
policier (m)	police officer
policière (f)	police officer
possible	possible
poursuivre	to pursue
présenter; se présenter	to present; to introduce oneself
président (m)	president
prison (f)	prison
professionnel	professional
proposer	to propose, suggest
pull (m)	jumper
quai (m)	platform
quelquefois	sometimes
rapidement	quickly, fast
remercier	to thank

Module 8: Glossary

responsabilité (f)	responsibility
responsable	responsible
restaurant (m)	restaurant
réussir (à)	to succeed, pass (an exam)
réussite (f)	success
revenir	to come back
rêver (à/de)	to dream (about, of)
risquer	to risk
rôle (m)	role
sais	(I, you) know how to, can
salaire (m)	salary
savent	(they) know how to, can
savez	(you (pl, sing formal)) know how to, can
savons	(we) know how to, can
se concentrer	to concentrate
se fier	to rely on
se marier	to get married
sembler	to seem
sérieusement	seriously
servir	to serve
sexisme (m)	sexism
siège (m)	seat
sorte (f)	sort, kind, type
souhaiter	to wish
suivi	followed / (have, has) followed
supplémentaire	extra, additional
tenter de	to try, attempt
terminer	to finish, end
titre (m)	title
toujours	always
toutefois	yet
travailleur (m)	hardworking
travailleuse (f)	hardworking
uniquement	only
université (f)	university
volonté (f)	will, desire
voudrait	(she, he, it, one) would like / (we) would like
voulez	(you (pl, sing formal)) want (to)
voyage (m)	journey, travel, trip
vu	saw / (have, has) seen

Notes

Foundation translation revision

French to English

1 Write out these tangled sentences entirely in English. Write on a separate sheet if needed.

  1 I would like to live in un grand appartement au centre-ville. ....

  2 I spent one night dans l'hôtel mais the bed was trop petit. ....

  3 In the future je vais lire books en français. ....

  4 Il faut stop buying des sacs en plastique. ....

2 Circle the deliberate error in each English translation, then correct the error.

  1 L'homme est petit et il a les cheveux courts.

   The man is tall and has short hair. ....

  2 À l'avenir je veux travailler avec les animaux.

   In the future I want to work with people. ....

  3 Le week-end dernier je suis allé à un concert avec ma famille.

   Last weekend I went to a concert with friends. ....

  4 Je vais manger plus de légumes et moins de chocolat.

   I'm going to eat more fruit and less chocolate. ....

  5 Je pense que la pollution est un problème énorme.

   I think that deforestation is an enormous problem. ....

  6 J'ai acheté un pantalon noir pour l'anniversaire de mon frère.

   I bought a black dress for my brother's birthday. ....

3 Translate the sentences into English.

  1 La semaine dernière je suis allé à un concert avec ma mère.

   ....

  2 J'aime regarder les comédies tout seul dans ma chambre.

   ....

  3 Je veux être en forme donc je vais manger plus de légumes.

   ....

  4 Je vais acheter une nouvelle robe pour le mariage de ma sœur.

   ....

  5 Au collège je ne recyclais rien, mais maintenant je lutte contre la pollution.

   ....

Modules 1–8: Translation revision

English to French

1 Draw lines to match up the English phrases with their French translations.

1. a good salary
2. it's in front of the park
3. I lost
4. she is ill
5. to go by bike
6. I like drama
7. a long face
8. I like series

a. J'aime les séries
b. elle est malade
c. j'aime le théâtre
d. un bon salaire
e. c'est devant le parc
f. aller à vélo
g. un visage long
h. j'ai perdu

2 Write out the French words in the boxes in the correct order to translate from English.

I live in a town in the north of England. It is cold in winter and in summer it is often foggy. My aim is to be responsible and have an interesting job in the future.

Mon but	du brouillard.	dans le nord de l'Angleterre.	à l'avenir.
J'habite	et d'avoir un travail intéressant	est d'être responsable	il y a souvent
en hiver	dans une ville	et en été	Il fait froid

....
....
....

3 Which is the correct translation? Circle A or B.

1. I received presents for my birthday.
   A J'ai reçu des cadeaux pour mon anniversaire.
   B J'ai reçu des cartes pour mon anniversaire.

2. My friends are funny but often serious.
   A Mes amies sont amusantes mais souvent sérieuses.
   B Mes amies sont amusantes mais souvent ennuyeuses.

3. For breakfast I am going to drink water.
   A Pour le petit-déjeuner je vais boire du lait.
   B Pour le petit-déjeuner je vais boire de l'eau.

4. If it is nice, we are going go to the beach.
   A S'il fait beau, on va aller au musée.
   B S'il fait beau, on va aller à la plage.

5. We spent three nights in the hotel.
   A On a passé trois nuits dans l'hôtel.
   B On va passer trois nuits dans l'hôtel.

4 Translate these sentences into French on a separate sheet.

1. I love drama and my aim is to become an actor. *Use est de.*
2. I live in a big house in front of a park in the south of England.
3. I am going to drink more milk and go to school by bike. *Use the near-future tense.*
4. I like watching series and going to the beach.
5. A good salary and an interesting job are important to me. *Remember this needs to agree!*

Higher translation revision

French to English

1 Fill in the missing words in the English translations.

1. Mon frère, qui adore le sport, aime regarder des émissions de sport sur son portable tous les soirs.

   My brother, who loves sports, likes to ....

2. Je veux être responsable et réussir à l'école, donc je fais mes devoirs chaque jour.

   I want to be responsible and succeed in school, so ....

3. Ma mère a préparé un délicieux gâteau au chocolat pour mon anniversaire, et je veux vraiment le goûter.

   My mother prepared a delicious chocolate cake for ....

4. J'ai lu un livre intéressant sur l'histoire de France qui m'aide à mieux comprendre la culture.

   I read an interesting book about the history of France ....

5. Pour être en forme, nous avons décidé de manger plus de légumes et de faire de l'exercice.

   To be fit, we have decided to ....

6. Je vais acheter une robe pour le mariage de mon frère, qui aura lieu le mois prochain.

   I am going to buy a dress for my brother's wedding, ...

2 Read the text and translate the underlined sections into English.

> En ville, il y a beaucoup **1** <u>d'activités amusantes</u>. On peut visiter le musée, qui est très intéressant, ou **2** <u>profiter du beau temps</u> dans le parc. Le week-end, j'aime aller au cinéma avec mes amis pour **3** <u>voir les films les plus récents</u>. Pendant mon temps libre, j'adore **4** <u>lire des romans</u>. Parfois, je vais au café pour **5** <u>rencontrer des amis</u> et discuter de nos projets. Cela me permet de m'amuser **6** <u>après une semaine fatigante</u>. Pour aider l'environnement, **7** <u>je tente de recycler</u> le plus possible et de réduire ma **8** <u>consommation d'énergie</u>.

1. ....
2. ....
3. ....
4. ....
5. ....
6. ....
7. ....
8. ....

3 Translate this paragraph into English.

Pour rester en bonne santé, il est essentiel de manger des légumes et de faire de l'exercice. Actuellement, je vais souvent au parc pour courir et profiter du beau temps. La vie scolaire est parfois difficile pour moi. Je fais de mon mieux pour participer en classe et je travaille dur pour réussir mes examens. J'aimerais poursuivre une carrière dans les médias mais c'est une industrie très populaire, donc je ne sais pas si je vais réussir.

....

....

....

....

English to French

Modules 1–8: Translation revision

1 Choose a box from each column to translate the sentences into French. Use each box only once.

La journée scolaire	manifester	le français	la pollution.
J'ai décidé de	j'habiterais	plus courte	à l'université.
Il faut	est	mes études	et pas l'anglais.
Si j'étais riche	je n'apprenais que	contre	un château.
Au collège	continuer	dans	en Martinique.

1 At school I only learned French and not English.
2 I have decided to continue my studies at university.
3 The school day is shorter in Martinique.
4 We need to protest against pollution.
5 If I were rich, I'd live in a castle.

2 Read this passage and complete the translation.

Recently, I went to a restaurant with my family for a delicious meal. The restaurant was located in the city centre. We ordered many dishes, including fresh vegetables and tasty desserts. At the table next to us, there was a family who were celebrating a birthday. They were having a great time. The mother was wearing a beautiful dress, and the father was taking photos of this special moment.

Récemment, **1** .... au restaurant avec ma famille pour **2** .... Le restaurant était situé au centre-ville. **3** .... beaucoup de plats, y compris des **4** .... et de savoureux desserts. **5** ...., il y avait une famille **6** .... Ils passaient un bon moment. La mère portait **7** .... et le **8** .... de ce moment spécial.

3 Translate this paragraph into French.

Use the perfect tense. *Use obtenir.*

At school I learned French and I went to university to study languages. Recently I got a job as a teacher in the south of France. My family came to visit the region and to see me. We went to a famous restaurant to try some local dishes. A friend took a photo of this special moment. If I were rich, I'd buy an old castle in the countryside here.

Use the conditional. Find another example on this page!

....
....
....
....

Vocabulary learning strategies

In the examination you will be tested on your knowledge of French vocabulary, so learning the vocabulary is really important. But how do you make it stick? Here are some strategies you could try.

1 Look, say, cover, write, check

Create a template on a piece of paper and fold along the columns. Now follow this process for each word:
1 Look at it.   2 Read it a few times and say it carefully and clearly three times.
3 Cover it over so you cannot see it.   4 Write it out.   5 Check it.

2 Flashcards

- Make a set of flashcards with French on one side and the English or an image on the other.
- Test yourself or work with a partner to remember the translation.
- Pull out cards at random and see if you can remember what the words mean.
- You could make a pile of words you know and another pile of words you don't.
- Keep picking cards until you remember them all.

3 Group words by theme

Organising vocabulary into topics can make it easier to remember and use in context.

Create another mind-map using words for food.

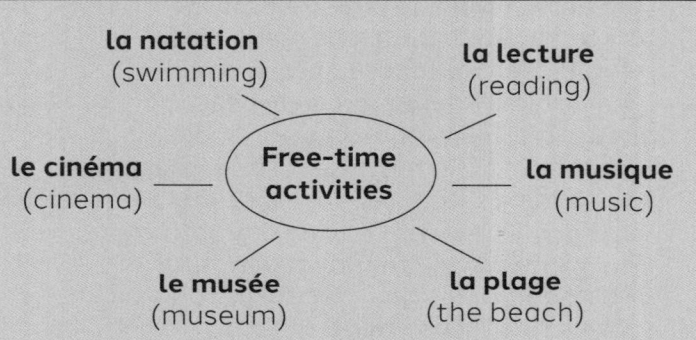

4 Make links to English using your wider knowledge of English

un arbre – arboriculturalist – tree surgeon – tree
une bibliothèque – Bible – book made up of 66 separate smaller books – library
un médecin – medicine – doctor
comprendre – comprehend – understand

Look at the glossary. Can you find five other words that you can work out or remember due to links in English?

5 Linguistic tricks

Did you know that sometimes if you change an **é** at the beginning of a French word to an **s**, you can unlock the English translation?
Did you know that if you add an **-s** to a vowel with a **circumflex** accent you can sometimes find the English meaning? Can you work out these meanings?

étude	stude ⟶ study	hôpital	hôspital ⟶ hospital
écran		forêt	
école		coût	
étage		château	
état		île	

Vocabulary learning strategies

6 Put sticky notes around the classroom or at home

You could label objects in the classroom or at home with their French word, and every time you pass the object, say the word out loud. Choose a list of words that you want to learn and write each word, with its translation, on a sticky note. Place the sticky notes in a place that you often look at or pass by – the fridge, a mirror, the bathroom door. Every time you see the sticky notes, say the French word out loud.

7 Shrink, grow, change

Play shrink, grow, change with a partner to practise words from different word classes. Write a simple sentence like the one below. Then roll a dice and look at the number:

- if you roll 1–2, shrink an element
- if you roll 3–4, grow an element
- if you roll 5–6, change an element.

Ma mère aime aller en ville avec mon frère.
3 … GROW!
Ma mère aime aller en ville avec mon frère et ma sœur.
6 … CHANGE!
Ma mère aime manger en ville avec mon frère et ma sœur.

8 Five minutes a day is better than one block in an hour. Seven new words at a time is better than 70 in one go!

Where could you leave a list of words that you can check every so often in the house?

When is the best time for you to spend 5 minutes practising your vocabulary?

Try setting a reminder or alarm and sticking to those 5 minutes a day.

9 Try mnemonics to help you learn more difficult spellings

beaucoup: Bears Eat Apples Under Cherry Orchards Until Plump

brouillard: Big Rabbits Often Use Igloos Like Little Arctic Rabbit Dens

10 Create your own wordsearches or crosswords to help focus on words you cannot remember

11 Get someone else to test you

It is useful to get someone to test you, especially if it is a friend who is also learning the same vocabulary. Give them a list of the words you need to learn. Ask them to test you on the words in both directions: French into English, and English into French. Once you have remembered all the words for one unit, move on to the next unit. Testing someone else on the vocabulary can also help you as you're seeing the words too.

Translation strategies: French to English

Reading for gist
When translating from French into English, it's important to read through each sentence in order to establish the general meaning, even if you know that there are some words you don't recognise or cannot immediately translate.

Breaking it down
- Look at each sentence or phrase. Try to group words or phrases that logically go together, and produce an English translation that sounds right. Remember that word order can be different in French and English.

  Facebook est   le réseau social   le plus populaire   au monde.
  Facebook is   the most popular   social network   in the world.

- Remember that adjectives usually come <u>after</u> the noun they describe in French. So, if you had to translate *Elle a les **cheveux noirs***, you would write 'She has **black hair**, not 'hair black'.
- Watch out for object pronouns when translating, as the word order is different in French. Be especially careful of *le, la, l'* or *les* meaning 'him', 'her', 'it' or 'them', as they will come <u>before</u> the verb and must not be confused with the French words for 'the', which are identical.
  Je **le** donne à Hugo.   I give **it** to Hugo.   Don't be tempted to translate *le* as 'the' here.

Using familiar language, context and common sense
Try to use familiar language, context and common sense to decode the meaning of words you don't know.
In the following sentence, identify the words you <u>definitely</u> know:
Elle déteste partager sa chambre avec sa sœur.
You probably recognise *elle déteste* (she hates), *sa chambre* (her bedroom) and *avec sa sœur* (with her sister). You might also know *partager*, but if you don't, use the vocabulary you do know to make an informed guess. So far you have 'She hates ... her bedroom with her sister'. Ask yourself: what makes sense in the context of the rest of the text? Given that there is just one word in French, the English translation will probably only be one or two words, so you wouldn't guess something long like 'going on the computer' and it can't be something which you already know the French for, such as 'watching TV' or 'reading'. You might guess the correct answer – 'sharing' or 'to share'.

Using cognates and near cognates
- Look for <u>cognates</u> (words that are the same in both languages (e.g. '*différence*', '*information*', '*important*') or <u>near cognates</u> (words which are very similar in both languages (e.g. *étudier* (to study), *commencer* (to commence), *difficile* (difficult)), as you can easily work out the meaning of these words in English, even if you might not have known the word if you had been asked to translate it from English into French.

- You can sometimes work out the meaning of a word which is a near-cognate and then adapt it to get a better translation.
  *Elle sert les **clients** au café.*
'Clients' is also an English word, but a more natural translation here would be 'she serves the **customers** at the café'.

Translation: French–English

False friends
Watch out for 'false friends' (French words that look similar to English, but actually have totally different meanings). Look at these sentences:

Mon frère est très **gentil**.   Elle **travaille** à l'étranger.   La **journée** était longue.

If you think about cognates or near-cognates, you might have tried the following translations:

My brother is very ~~gentle~~.   She ~~travels~~ abroad.   The ~~journey~~ was long.

All three would be wrong! The correct translations are:

My brother is very **kind**.   She **works** abroad.   The **day** was long.

Grammar
- Use **time markers** and your grammatical knowledge to help you translate into the correct tense:

Present: **Normalement**, je vais au collège à pied.   **Normally** I walk to school.
Past: **Le week-end dernier**, nous sommes allés en ville.   **Last weekend** we went to town.
Future: **Demain**, nous allons aller au théâtre.   **Tomorrow** we are going to go to the theatre.

- Remember that you can translate some tenses in more than one way. Try out the various versions and see which sounds better in the context:

Present: Je **prends** mon petit-déjeuner   I eat breakfast or I am eating breakfast
Perfect: J'**ai pris** mon petit-déjeuner   I ate breakfast or I have eaten breakfast
Imperfect: Je **prenais** mon petit-déjeuner   I ate breakfast or I was eating breakfast or I used to eat breakfast

Translation skills
- Don't try to translate word for word, as you won't always find that one word in French means one word in English.

  | there is/are | | two kitchens | | in my house |

  Il y a deux cuisines chez moi.   There are two kitchens in my house.

Also, don't forget that singular nouns in French might equate to plural nouns in English, or vice versa:

  Ce soir, je vais faire **mes devoirs**.   This evening, I am going to do **my homework**.

- Don't be afraid to use different words or a different number of words to get a good translation. However, don't stray too far from the meaning or make random guesses. It is, however, important to account for every word in a translation, even if some words don't need translating or if you need to add words for the sentence to make sense.

  Ils jouent au foot le week-end.   They play football at the weekend.

  > You don't need to translate au into English but 'at' has been added for the sentence to make sense.

  Je vais regarder la télé demain soir.   I'm going to watch TV tomorrow evening.

  > la (the) is not needed in English.

- Read through your translation to check that it makes sense and sounds natural. For example, you could translate J'aime aussi jouer au tennis as 'I also like playing tennis' or 'I like playing tennis too', but not as 'I like also playing tennis', as this sounds clumsy. Play around with the word order until it sounds natural.

Translation strategies: English to French

When you have a passage or sentence to translate into French, read the whole thing through once. Then work sentence by sentence or phrase by phrase bearing the following strategies in mind.

 Grammar

Verbs

- Read the English carefully to make sure you have identified which tense needs to be used in French.

  Look for clues such as **time markers** to help you.

  Yesterday I went swimming. → perfect tense
  Tomorrow I'm going to go shopping. → future tense

  H But remember that to say you have been doing something for a certain length of time in French, you use *depuis* + present tense, when you would use the perfect tense in English.

  I have been learning French for four years. *J'apprends le français depuis quatre ans.*

- Think carefully about the verb forms you need. Who is the subject of the verb (who is doing the action)? Is it more than one person? Make sure you know your verb endings. For the perfect tense, check you have used the correct auxiliary verb (*avoir* or *être*) and a past participle.

  She arrived late. *Elle est arrivée en retard.*

  > Remember that with verbs using *être* in the perfect tense, the past participle must agree with the subject of the verb.

- Look out for reflexive verbs in French as these aren't always obvious from the English.

  I get up at 8 o'clock. *Je **me lève** à 8 heures.*

- Remember that French uses infinitives when English uses words ending in '-ing'.

  I like **playing** football. *J'aime **jouer** au foot.*

- You might have to use modal verbs, so look out for 'can', 'must', 'should', 'allowed to' and remember that these verb forms are followed by the infinitive in French.

  You **can** speak French. *Tu **peux** parler français.*

- Look out for 'would' in English. This will indicate that you need the conditional tense in French.

  I **would like** to go to the cinema. *Je **voudrais** aller au cinéma.*

Nouns and adjectives

- Gender, articles and adjectival agreement and position are also really important when you are translating nouns into French.

  She has a **big** house. *Elle a une **grande** maison.*
  I saw two **white** dogs. *J'ai vu deux chiens **blancs**.*

  > Remember to add **-e** to most adjectives for feminine, **-s** for masculine plural and **-es** for feminine plural.

Time phrases

- Learn common time and frequency phrases so you always have them ready to use: yesterday (*hier*), today (*aujourd'hui*), tomorrow (*demain*), every day (*tous les jours*), etc.

Useful little words

- Build up your bank of vocabulary with useful little words, which you are likely to need in your translations, for example: intensifiers (quite – *assez*, very – *très*), quantifiers (a lot of – *beaucoup de*, a little – *un peu de*), conjunctions (but – *mais*, because – *parce que*), prepositions (on – *sur*, near – *près de*).